어른의 감정 수업

인현진 지음

어른의 감정 수업

쉽게
상처받고
흔들리는
마음을
단단하게
지켜내는 법

앤의
서재

자기 마음도 모르는 채 어른이 된 당신에게

어렸을 때부터 마음이 끌렸던 이야기가 있습니다. 동화 《빨간 구두》인데요. 몇 번이나 반복해서 읽을 만큼 매혹당했지요. 결말이 무섭다고 진저리를 치면서도 읽고 또 읽었던 걸 보면 무의식적인 끌림이 있었나봅니다. 다양한 버전이 있지만, 제가 알고 있는 내용으로 간략하게 소개하면 다음과 같습니다.

∘ ∘ ∘

옛날 옛날에 고아 소녀가 살고 있었습니다. 소녀에게는 소원이 하나 있었어요. 자기 신발을 갖는 것이었죠. 구걸을 하러 갈 때마다 눈에 보이는 붉은 색 천 조각을 조금씩 모았던 소녀는 드디어 신발을 만들었습니다. 남들에겐 초라하게 보일지 몰라도 소녀에겐 최고의 신발이었습니다. 그 신발을 신으면 자기도 모르게 어깨가 펴지고 당당한 마음이 들었지요.

하루 종일 먹을 것을 구하지 못한 날이었습니다. 배는 고프고, 날은 점점 어두워지는데 비까지 내렸지요. 어디선가 마차 바퀴 소리가 들렸습니다. 고개를 드니 마차가 소녀 앞에 멈춰 있었습니다. 그 안에서 곱게 차려입은 할머니가 고개를 내밀더니 소녀에게 사정을 물었습니다. 소녀의 이야기를 들은 할머니는 마차에 소녀를 태우고 자기 집으로 향했습니다.

집에 도착하자 할머니는 소녀에게 말했습니다.

"오늘부터 여기가 너의 집이니 편하게 지내렴."

소녀는 난생처음 하녀들에게 둘러싸여 거품 목욕을 했습니다. 목욕을 하고 나오니 소공녀가 입을 법한 옷들이 놓여 있었습니다. 그리고 바닥엔 반들반들 윤이 나는 까만 에나멜 구두가 한 켤레 있었습니다. 소녀는 두리번거리며 자기 신발을 찾았습니다. 하지만 "너무 낡아서 불태워버렸다"는 대답만 돌아왔지요. 마음속에서 무언가 솟구쳤지만, 소녀는 아무 말도 하지 못했습니다.

몇 년 후, 소녀는 교육을 잘 받은 얌전한 숙녀가 되었습니다. 할머니가 원하는 모습으로 살고 있었지만, 점점 생기를 잃고 있었죠. 교회에서 견진성사를 받는 날이 다가오자 할머니는 소녀를 데리고 새 구두를 사러 갔습니다. 가게의 문을 열고 들어간 순간, 소녀의 눈에 빨간 구두가 보였습니다. 할머니가 다른 구두를 보는 사이에 소녀는 자기도 모르게 빨간 구두를 가슴에 꼭 품었습니다.

드디어 교회에 가는 날, 소녀는 빨간 구두를 신었습니다. 가슴이 두근거렸습니다. 사람들이 수군거리는 소리가 들렸지만, 아랑곳하지 않았습니다. 수군거림은 할머니 귀에까지 들어갔고, 화가 머리

끝까지 난 할머니는 집에 오자마자 빨간 구두를 빼앗았습니다. 그 날 이후, 할머니는 구두를 숨기고 소녀는 어떻게 해서든 구두를 찾아내는 일이 반복되었습니다. 아무리 야단을 쳐도, 할머니가 앓아누워도, 빨간 구두를 향한 소녀의 욕망을 멈추기란 불가능해 보였지요. 할머니가 깊이 숨겨 놓은 빨간 구두를 며칠 만에 찾아서 신던 날, 소녀에게 이상한 일이 일어났습니다. 소녀가 구두를 신는 게 아니라 구두가 소녀의 발을 쑥 끌어당기는 것 같았습니다.

그날부터 소녀는 빨간 구두를 신고 춤을 추기 시작했습니다. 쉬지도, 먹지도, 잠을 자지도 못했지요. 처음엔 집 안 곳곳을 돌아다니며 춤을 추었지만, 이내 집 밖으로 나가 춤을 추었습니다. 가시덤불에 찔리면서도, 눈 덮인 들판에서도, 컴컴한 산속에서도 춤을 추었습니다. 시간이 한참 지난 후, 집 앞을 지나게 되었는데 관이 나오는 것을 보았습니다. 할머니가 돌아가신 거였지요. 그 소식을 듣고 난 후에도 소녀는 춤을 멈추지 못했습니다. 최후의 방법으로 소녀는 숲속에 사는 망나니를 찾아갔습니다. 망나니는 커다란 칼로 소녀의 발목을 싹둑 잘랐습니다. 그제야 빨간 구두에서 벗어난 소녀는 목발을 하고 어느 집의 하녀로 들어가 평생 살았다고 합니다.

∘ ∘ ∘

이 이야기가 어떻게 들리나요? 하지 말라는 행동을 기어코 하면 벌을 받는다는 교훈적인 이야기로 들리나요? 여성의 욕망을 억압하는 가부장적인 이야기로 들리나요? 제게 《빨간 구두》는 시기별로 다르게 다가왔습니다. 어렸을 땐 발목이 잘리는 잔혹한 결말 때문에 '어른 말을 듣지 않는 아이는 벌을 받는다'고 생각했던 것 같아요. 그러다 자의식이 생기면서 춤추는 소녀 이미지가 강렬하게 다가왔고, 성인이 되어선 자기 신발을 빼앗기지 않고 살았더라면 소녀의 운명이 달라졌을까 궁금했지요. 이야기의 결말을 바꿀 수 있었던 기회가 여러 번 있지 않았을까 안타깝기조차 했습니다.

"왜 내 신발을 함부로 버려요?! 당장 돌려주세요!"

마음대로 신발을 처분했던 할머니에게 소녀가 이렇게 말했더라면 어떻게 되었을까요? 적어도 속상한 마음이라도 표현했다면요? 구두를 사러 갔을 때 당당하게 빨간 구두 한 켤레도 같이 사달라고 말했더라면 어땠을까요? 소녀의 운명은 많이 달라지지 않았을까요?

"할머니에게 말대꾸하면 집에서 쫓겨날지 모르는데, 소녀가 무슨 말을 할 수 있나요?"

이렇게 말하는 분도 계실 듯합니다. 맞습니다. 소녀는 약자였고, 충분히 교육받지 못했으며, 자주 굶주렸습니다. 든든한 울타리가 되어줄 보호자도 없었지요. 고작 신발 하나 지키겠다고 저항했다면 더 험한 미래가 기다리고 있었을지도 모릅니다. 생전 처음 가져본 신발을 빼앗기고도 침묵을 지켜야 했던 이유를 사회구조적인 문제로 돌릴 수도 있습니다. 이유를 찾자면 백 가지도 넘겠지요. 그런데 어딘가 비슷하지 않나요? 우리가 그토록 갈망하는 내면의 열정 혹은 꿈을 외면할 때 하는 말이랑요.

동화 속 신발은 '자기답게 살아가게 하는 것'을 의미합니다. 뺏겨서는 안 되는 것이지요. 뺏기게 된다면 목소리를 내야만 합니다. 자기표현은 자기 존재를 드러내는 일이니까요. 하지만 소녀는 마땅히 그러해야 하는 순간에 자신의 목소리를 내지 못했습니다. 빨간 구두에 대한 지독한 결핍으로 빨간 구두를 욕망하기만 했지요. 할머니를 속이고 빨간 구두를 신고 춤을 추러 나가는 일을 멈추지 못했습니다. 자기가 무엇을 원하는지 명확히 알고 있지 못했기 때문이지요. 소녀가 구두를 신는 게 아니라 구두가 소녀를 끌고 다녔습니다. 그리고 결과는 우리가 아는 그대로입니다.

'왜 번번이 자신에게 도움이 되지 않는 선택을 할까?'

이 이야기는 자신의 가장 중요한 것을 뺏기고도 아무 말도 못 하면 어떤 일이 생기는지 생각하게 합니다. 자기 목소리를 내면서 사는 게 얼마나 중요한지, 그때그때 해야 할 말을 하지 못하고 참으면 무엇에 지배받게 되는지, 의식화하지 못한 무의식이 자신을 어디로 끌고 가는지 말입니다. 또한 우리가 내면의 열정을 잃어버리고 '타인의 욕망'을 욕망하면서 살아갈 때 어떻게 되는지 통렬하게 알려줍니다.

상실감은 깊은 심리적 결핍으로 이어지고, 지나친 결핍은 중독

을 낳습니다. 삶에서 가장 아프고 슬픈 일이 무엇일까요? 자기 자신
으로 살아가지 못하는 일이 아닐까요? 현실에서든 이야기 속에서
든 자신으로 살아갈 기회를 잃어버린 사람의 삶은 비극적입니다.

。。。

석사과정을 밟으며 심리상담가로 일하면서 빨간 구두 이야기
를 다시 만났습니다. 30대 중반의 나이였음에도 심리적으로도 경
제적으로도 독립하지 못하고 엄마와 의존적인 관계를 맺고 있던 내
담자를 통해서였지요. 그는 독립을 원하면서도 홀로서기에 두려움
을 느끼고 있었습니다. 엄마에게 매번 휘둘리는 걸 억울해하면서
도 자기 생각을 드러내는 걸 어려워했지요. 문제를 회피한 대가는
과도한 인터넷쇼핑으로 이어졌고, 뜯어보지도 않은 채 구석에 쌓아
두는 택배 상자가 늘어날수록 자존감은 줄어들었습니다. 그리고 이
모든 것을 '엄마 탓'으로 돌렸습니다.

《빨간 구두》에서 주인공이 빨간 구두에 집착했던 이유는 '심리
적 허기' 때문이었습니다. 자기답게 살아가지 못하고 할머니가 원
하는 삶을 살아가는 시간이 길어질수록 결핍이 더욱 심해졌지요.
무의식에 억압되어 있는 태초의 빨간 구두 때문에 다른 구두를 탐
색해볼 여유조차 없었습니다. 파블로프의 개가 종소리만 울려도 침
을 흘리는 것처럼 자극에 대해 습관적으로 반응하는 것, 이것이 바

로 '자동반응'입니다.

물론 우리는 개가 아닙니다. 이성적으로 '생각'하고 합리적으로 '선택'하는 인간이지요. 그런데 정말 그럴까요? 그렇다고 생각하는 건 아닐까요? 불안에 시달릴 때 어떤 생각을 하는지, 화가 날 때 감정을 어떻게 해소하는지, 외로움에 젖어 들 때 어떤 행동을 하는지, 평소 자기의 생각과 감정과 행동을 떠올려보세요. 그때마다 적절하게 대응하며 더 나은 선택을 하나요? 아니면 자기도 모르게 같은 반응을 반복하고 있나요?

자극에 대해 반응하는 건 자연스러운 일입니다. 소리를 들으면 소리가 나는 곳을 쳐다보고, 듣기 싫은 말을 들으면 기분이 나빠지고, 배가 고프면 먹을 걸 찾고, 마음에 드는 이성을 만나면 호감을 느낍니다. 어떤 반응은 기계적이고 자동적으로 일어납니다. 나도 모르게 '무의식적'으로 생각하고 느끼고 행동합니다.

배가 고프면 화를 내는 아이가 있다고 해봅시다. 배고픔과 화는 전혀 상관이 없는 것처럼 보입니다. 그런데 어떤 이유로 두 가지가 결합하면서 '배고픔'이라는 조건에 '화내기'로 반응하는 일을 반복하다 보면, 습관이 되어 몸에 남습니다. 주변 사람들은 그저 짜증이 많고 화를 잘 내는 '성격 나쁜 아이'라고 볼지도 모르지요. 그리고 가까운 사람들에게 "넌 왜 그렇게 화를 잘 내니?"라는 피드백을 자주 들으면 아이도 자기 성격을 '화를 잘 내는 사람'으로 규정하고 배고픔과 상관없이 자극을 받으면 화를 내는 사람이 될 확률이 높습니다. 슬퍼야 하는 상황에서 화를 내거나 우울함을 화로 표현하는 일도 생깁니다. 원인은 사라진 채 결과만 습관으로 남는 셈이지요.

자동반응은 '습관'이라고도 볼 수 있는데, 나쁜 것만은 아닙니다. 의식적으로 좋은 습관을 몸에 익히면 삶을 조화롭게 꾸려가는 힘이 커지니까요. 자신과 타인을 존중하는 태도가 자연스럽게 몸에 밴 사람들은 너그럽고 소통도 원활합니다. 어떤 자극에 민감하게 반응하는지 인식하고 있기에 감정을 조절하는 일에도 능숙하지요.

우리가 비록 자동반응을 하는 모습을 보인다 해도, 삶의 모든 영역에서 그런 건 아닙니다. 어른으로 독립하기, 과거의 상처, 의사소통, 자기표현 등 살아오는 동안 경험한 일과 성장환경 등에 따라 자동반응을 하는 영역도 다릅니다. 그리고 이 부분은 우리가 삶의 주체로 살아가기 위해 성장해야 하는 심리적 이슈이기도 합니다. 의식적으로 '선택'하기보다 자동적으로 '반응'하는 영역이 많아지면, 삶의 주인으로 살아가지 못하고 책임져야 하는 일을 회피하게 됩니다. 자기 생각과 감정, 행동의 주인이 되지 못하고 습관적으로 끌려가지요. 문제에 초점을 맞추기보다 타인을 원망하고, 노력보다 능력 탓으로 돌리며, 현재의 영감으로 살아가기보다 과거의 기억에 사로잡힙니다. 알아차리고 선택하는 일보다 하던 대로 반응하는 일이 훨씬 더 쉽기 때문입니다.

이에 대해 분석심리학의 창시자 카를 구스타프 융Carl Gustav Jung은 "무의식을 의식화하지 못하면 그것이 우리를 끌고 가는데, 이를 운명이라고 부른다"고 말했습니다.

융은 자기답게 사는 것, 즉 '자기실현의 과정'을 '무의식의 의식화 과정'이라고 했습니다. 무의식은 한마디로 정의하기 어렵습니다. 무의식을 부정적으로만 보는 관점도 피해야 합니다. 실제 우리 자신도 모르는 거대한 가능성이 숨 쉬고 있는 곳이기 때문이지요. 그렇다면 어떻게 해야 무의식을 의식화할 수 있을까요? 꿈을 분석하는 방법도 있고 명상을 통해 내면 깊이 들어가는 방법도 있지만, 공통점은 '자신을 깊고 넓게 이해하는 일'입니다.

삶에서 어려움을 겪을 때 어떤 사람들은 기존의 방식에 머무르지만 어떤 사람들은 새로운 출구를 찾아 나섭니다. 상담실에 찾아오는 분들은 해답의 출발점을 '자신'에서 시작하는 분들입니다. 자기를 객관화하는 힘을 기르기 위한 시간을 기꺼이 선택한 분들이지요. 그래서 저는 성장의 관점을 가진 분들이 상담실에 찾아온다고 생각합니다.

심리상담의 궁극적 목표는 '자기답게 사는 것', 즉 '독립적인 존재로 살아가는 것'입니다. 독립적인 존재는 자기의 생각과 감정, 행동의 주인으로 살아가는 사람입니다. 생각을 적절하게 표현하고, 감정에 책임지며, 타인과 자신에게 이로운 행동을 하는 사람이죠. 이런 사람을 우리는 '어른'이라고 합니다.

심리학의 관점에서 어른이란 외부의 자극에 즉각적이고 자동적으로 '반응'하지 않고, 상황에 따라 적절하게 '선택'하는 사람입니다. 혼자 해내야 하는 일인지, 누군가의 도움을 요청해야 하는 일인지, 나아가야 할 때인지 한발 물러서야 할 때인지 결정하지요. 입장이 다른 만큼 생각도 다르다는 걸 인정하고, 말을 주고받는 과정에서 타인에게 상처를 주었다면 진심으로 사과합니다. 부정적인 감정을 타인에게 함부로 던지지 않고 선택한 행동에 책임을 지지요. 이런 태도를 삶의 기본으로 하려고 노력합니다. 그리고 이렇게 살아가는 것에 편안함을 느낍니다. 자기를 신뢰하는 만큼 타인도 신뢰하기 때문이지요.

∘∘∘

이 책은 생각, 감정, 행동 영역에서 무의식적이고 부정적인 자동반응에 덜 휘둘리며, 삶의 주인이 되기를 선택하는 데 도움이 되는 내용을 담았습니다. 상담 현장에서 만난 내담자의 사례뿐만 아니라 제 인생 이야기와 제가 읽은 이야기들도 들어 있습니다.

만약 무언가 와닿는 것이 있다면, 그걸 소중히 여기고 마음에 씨앗으로 뿌려주세요. 어릴 때 읽었던 《빨간 구두》 동화가 제 마음에 씨앗으로 남아 삶의 고비마다 통찰의 열매를 주는 나무로 자란 것처럼, 여러분의 마음에 뿌려진 씨앗도 멋지게 성장할 테니까요. 그 씨앗이 튼튼하게 자라길 바라며 하나의 이야기를 마무리할 때마다 여러분이 가진 패턴을 발견하고 자동반응을 멈추게 하는 데 도움이 되는 글쓰기 예제들을 넣어두었습니다. 스스로 질문하며 마음을 찬찬히 들여다보세요. 하나씩 쓰다 보면 셀프 카운슬링의 효과를 느낄 수 있을 겁니다.

1부는 '생각'에 대한 이야기입니다. 자동적으로 떠오르는 부정적 생각을 멈추고 새로운 선택을 하는 데 도움이 되는 내용을 담았습니다. 내가 자주 하는 생각에 어떤 패턴이 있는지, 그 패턴이 어떤 뿌리에서 비롯된 건지 아는 것만으로도 자동적 사고를 상당히 줄일 수 있습니다.

2부는 '감정'에 대한 이야기입니다. 감정을 느끼는 것과 조절하고 표현하는 건 별개입니다. 감정은 우리 자신에 대해 가장 정직하게 알려주는 메신저입니다. 그렇기에 자연스럽게 느끼는 게 중요하지요. 자신이 취약한 감정에 어떻게 반응하는지 알게 되면 감정에 덜 휘둘리게 됩니다.

3부는 '행동'에 대한 이야기입니다. 결심과 다르게 행동하거나 해야 할 일을 계속해서 미뤄본 적이 있을 겁니다. 우리는 왜 마음과 다른 행동을 할까요? 무의식적으로 하는 행동은 나에 대해 무엇을 알려주는 걸까요? 행동 안에 어떤 욕구가 담겨 있는지 찾아보는 시간을 가져보길 바랍니다.

4부는 행복한 어른으로 조화로운 삶을 살아가기 위해 직면해야 할 '심리적 과제'에 대한 이야기입니다. 1~3부의 내용을 통해 자신의 자동반응 패턴을 파악한 후, 앞으로의 삶에서 성장해야 할 부분에 대해 생각해보는 계기가 되었으면 합니다.

생각과 감정과 행동이 일치하지 않을 때, 우리는 혼란을 느낍니다. 행복한 어른으로 살아간다는 건 분열된 마음을 통합해가며 과거를 직면하고, 콤플렉스를 인정하며, 자기실현의 과정을 겪어가는 것입니다.

나에 대해 더 잘 알게 될 때 우리는 자신만의 삶을 창조할 수 있습니다. 여러분도 저도 자기 인생의 처음과 끝을 경험하는 유일한 사람이며, 내 삶에서 일어나는 일에 의미를 부여하는 창조자이자, 자기 마음을 그 누구보다 잘 아는 전문가입니다.

삶에서 일어나는 어떤 힘겨운 일들을 문제라고만 생각하는 관점에서 벗어나 꼭 알아야 하는 중요한 메시지라고 생각하면, 새로운 의미를 발견하게 됩니다. 새로운 길이 열립니다. 이 책을 읽는 모든 분이 자기에게 꼭 맞는 신발을 신고 자기만의 길을 힘차게 걸어가시기를 간절히 바랍니다.

2023년 봄
인현진

목차

1부

나는 왜
이렇게
생각이
많은 걸까?

자꾸만 떠오르는

부정적인 생각을 멈추는 법

당신의 '생각'을 위한 카운슬러의 편지

생각은 삶의 방향을 알려주는 나침반입니다.

인류는 길이 없는 곳에 길을 만들며 진화해왔습니다.

미지의 영역으로 건너갈 수 있었던 것도 생각의 힘 덕분이지요.

인간은 자신이 누구인지 생각할 수 있는 유일한 존재입니다.

온갖 인생의 어려움도 생각을 통해 돌파해냅니다.

반면 생각의 미로에 갇힐 때도 있습니다.

내가 부족하다고 믿는 것도 생각입니다.

특정한 타인을 싫다고 여기는 것도 생각입니다.

축소하거나 과장하지 않으면서

있는 그대로 온전히 바라보기 위해서는

자신과 상황을 객관적으로 바라보는 힘이 필요합니다.

상황을 부정적으로 보는 일에 익숙한가요?

자신을 믿지 못하고 꿈을 포기하고 싶은가요?

자동적으로 반응하는 생각에 "노!"라고 외치세요.

고정되어 있던 생각의 틀을 흔들어 다른 관점으로 바라보세요.

'관점'을 바꾸는 것이 곧 '치유'입니다.

생각도
_____
_____
_____
습관이다

상담센터 근처에 아름다운 산책로가 있습니다. 계절마다 다른 꽃이 피고 구간마다 다채로운 풍경이 펼쳐지지요. 걷기 좋은 날, 가까운 동네에 약속이 잡히면 만세를 부릅니다. 시간을 넉넉하게 잡고 천천히 걷다 보면 어느새 약속 장소에 도착하지요. 그저 걷기만 할 뿐인데 몸에 생기가 돌고, 재미있는 가게도 구경하고, 약속 시간도 지키니 일석삼조인 셈입니다.

산책을 할 땐 여러 가지 방법으로 합니다. 산책로를 따라 걷기도 하고 골목길 탐방에 나설 때도 있지요. 골목을 걷다가 또 다른 골목으로 빠져나가는 일은 무척 흥미롭습니다.

그러고 보면, 산책과 생각은 참 많이 닮아 있습니다. 하나의 길에서 또 다른 길로 접어들듯, 한 가지 생각에서 또 다른 생각으로 옮겨 가곤 하니까요. 발길 닿는 대로 걷다가 엉뚱한 길로 접어들기도 하고, 생각하지도 못한 곳을 발견하기도 합니다. 길이 확장되듯 생각도 가지를 뻗습니다. 점심 메뉴나 주말에 볼 영화 등 일상적이고 소소한 것에서부터 삶과 죽음, 사랑과 이별, 일과 인간관계에 대한 것까지 다양하게 나아가지요.

반면, 같은 길만 고수할 때도 있습니다. 공사 중이어서 보도블록이 다 뒤집힌 길도 늘 이용하는 길이라는 이유만으로 불편함을 감수합니다. 차가 가로막고 있는데도 골목의 좁은 틈새 사이로 굳이 몸을 집어넣습니다. 마치 다른 길은 없는 것처럼 같은 생각을 하고 또 할 때가 있지 않나요? 같은 생각에 사로잡힐 때가 많다면, '습관적'으로 그 생각을 하고 있다는 뜻입니다. 그리고 습관적으로 하는 생각은 대부분 몇 가지 주제에 한정되어 있습니다.

'일을 제때 끝내지 못하면 어떡하지?'
'노후에 돈이 없으면 어떡하지?'
'사람들이 날 싫어하면 어떡하지?'

공통점이 느껴지나요? 생각의 대부분을 차지하는 것은 '걱정'입니다. 과거에 대한 후회와 미래에 대한 불안 사이에서 줄타기를 하고 있지요. 걱정해도 소용없다는 것을 알면서도 멈추기가 어렵습니다. 걱정이 많은 사람들의 특징 중 하나는 불안이 높다는 것입니다. 불안이 높으면 걱정이 많아지고, 걱정이 많아지면 불안도 높아집니다. 악순환인 셈이지요.

만약 불안한 생각을 '습관적으로 반복'하고 있다면 멈추는 법을 배워야 합니다. 길을 잘못 들었을 때 바로 돌아 나오듯 말입니다. 막혀 있는 길 앞에서 잠시 막막해지더라도 시선을 조금만 돌리면 반드시 다른 길이 보입니다.

생각을 생각하다

생각은 이렇듯 우리를 힘들게 하지만, 더 나은 삶을 살 수 있게 해주는 '힘'인 것은 분명합니다. 인간과 다른 생물과의 차이점은 '생각하는 능력'을 갖고 있다는 것이니까요.

인간의 학명인 호모 사피엔스Homo Sapiens는 '지혜를 가진 사람'이라는 뜻입니다. 오직 인간만이 자신에 대해 생각하고, 자신과 타인을 구별하며, 자신이 속해 있는 세상을 인식합니다. 눈앞에 보이는 것뿐만이 아니라 과거, 현재, 미래 같이 눈에 보이지 않는 추상적인 개념도 이해하지요.

생각을 잘못해서 일을 그르치거나 괴로운 생각에 사로잡힐 때면 생각 없이 살면 편할 것 같지만, 생각하는 능력을 갖췄다는 건 정말 놀라운 일입니다. 혹시 '생각에 대해 생각'해본 적 있으신가요? 국립국어원 사전에서 찾아보면 '생각'은 아래와 같이 다양한 의미로 쓰입니다.

1. 사물을 헤아리고 판단하는 작용.
2. 어떤 사람이나 일 따위에 대한 기억.
3. 어떤 일을 하고 싶어 하거나 관심을 가짐.
4. 어떤 일을 하려고 마음을 먹음.
5. 앞으로 일어날 일에 대하여 상상해봄.
6. 어떤 일에 대한 의견이나 느낌을 가짐.
7. 어떤 사람이나 일에 대하여 성의를 보이거나 정성을 기울임.
8. 사리를 분별함.

평소 하는 말을 떠올려봐도 '생각'이라는 단어를 얼마나 자주 쓰는지 쉽게 알 수 있습니다. "오후가 되니 달달한 게 **생각**나", "**생각** 좀 하고 살아라", "네 **생각**했어", "앞으로 어떻게 할지 **생각**해봤어?", "네 **생각**대로 해", "어머, 나도 지금 그 **생각**했는데" 등 생각이라는 말이 없었다면 어쩔 뻔했을까 싶을 정도로 광범위하게 쓰이지요.

늘 생각 속에서 살기 때문인지 생각을 하고 있다는 자각조차 없을 때도 많습니다. 매일 불을 사용하면서도 불에 대해 별로 생각하지 않는 것처럼 말입니다. 인류가 처음 불을 발견했을 때 어떻게 받아들였을까요? 유용함과 위험함이 공존한다고 인식했을 겁니다. 잘 다루면 따뜻하게 지내고 음식을 맛있게 먹을 수 있지만, 잘못 다루면 한 사람의 생명은 물론 공동체 전체를 잃을 수도 있으니까요. 저는 생각이야말로 '정신의 불'이라고 생각합니다. 좋은 방향으로 생각하면 삶을 환히 밝히는 빛과 온기가 되지만 위험한 방향으로 생각하면 자신은 물론 타인의 삶도 망가뜨려 버리니까요.

익숙한 생각 습관에서 벗어나는 법

우리가 익숙한 길로 다니듯, 평소 자주 하는 생각에 익숙해지는 경향이 있습니다. '원래' 이렇게 생각해왔다고 말하고 싶겠지만 특정한 생각만 하는 걸로 정해진 채 태어난 사람은 없습니다. 어떤 생각을 자주 하다 보니 익숙해졌고, 익숙하기에 더 자주 하게 되는 겁니다. 습관이 되는 것이지요.

가장 흔한 생각의 습관은 상황을 '부정적으로 폄하'하거나 '긍정적으로 이상화'하는 것입니다. 부정적인 사고 패턴은 인간의 생존과 밀접한 연관이 있다고 합니다. 최악의 경우를 생각하고, 상대를 의심하고, 미래를 대비해야 살아남을 수 있는 조건은 원시시대나 지금이나 크게 달라지진 않은 듯합니다. 물론 부정적인 생각이 도움이 될 때도 있습니다. 신중하게 생각함으로써 합리적으로 판단하고, 이상적인 기대를 낮춰 현실적인 기준으로 바라보게 하지요. 하지만 '부정 필터'가 지나치게 작동하면 상대를 비난하거나 상황을 어둡게 보는 일이 많아집니다.

긍정적으로 생각하는 건 분명 좋은 일입니다. 자신과 타인, 세상에 대해 긍정적으로 생각하는 사람은 자존감이 높고 좌절을 견디는 능력도 강합니다. 사람들 사이에서 인기도 많아 어디에 있던 따뜻한 난로처럼 온기를 느끼게 하지요. 그러나 '과도한 긍정 필터'는 현실에서 중요하게 다뤄야 하는 문제를 회피하게 합니다. '좋은 게 좋은 거지'라는 생각으로 부당한 일을 겪고도 자기 목소리를 내지 못하거나 책임을 미루기도 합니다.

건강하게 생각하는 습관을 기르려면 '다른 관점'으로 바라보는 연습을 해야 합니다. 익숙한 길이 아닌 새로운 길을 찾아보는 것과 같지요. 물론, 옳다고 믿어온 생각에 "스톱!"을 외치는 게 쉬운 일은 아닙니다. 우리는 기본적으로 자아의 고집, '내가 옳다'는 생각에 사로잡혀 있으니까요. '내가 옳으면 상대도 옳다'고 머리로 생각하긴 쉽지만, 첨예한 갈등이 생겼을 때 상대가 옳다고 인정하기란 여간 어려운 일이 아닙니다.

상대가 옳다고 인정하기보다 더 어려운 건 '내가 틀렸다'는 사실을 인정하는 겁니다. 그런데 이 또한 생각의 습관입니다. '옳다', '그르다'로 판단하는 흑백논리에 사로잡혀 있는 것이지요. 어떤 상황에서 반복적으로 드러나는 자신의 생각을 관찰해보면 자신에 대해 많은 걸 알 수 있습니다.

생각이 습관이라는 사실은 우리에게 오히려 '굿 뉴스'입니다. 습관은 바꿀 수 있는 것이기 때문입니다. 예를 들어 매사 부정적으로 생각하는 습관이 있다면 긍정적으로 생각하는 연습을 통해 균형을 잡을 수 있습니다. 구체적으로 어떻게 하면 될까요? 두 가지 연습 방법을 제안합니다.

첫 번째는 '자신을 다양한 관점으로 바라보기'입니다. 예를 들어 자신의 어떤 점을 부정적으로 바라보고 있다면, 긍정적인 면도 찾아보는 겁니다. 저는 '민감성'이 높은 편에 속합니다. 타인의 말 한 마디에도 신경을 쓰고 작은 자극에도 예민하게 반응하지요. 그런데 글을 쓰고 상담을 하면서 이 민감성이 도움이 된다는 사실을 알았습니다. 이것을 하나의 특성으로 받아들이고 나니 상황에 따라 달라지는 나를 관찰할 수 있었습니다. 마음이 건강할 때는 타인의 마음을 섬세하게 헤아리지만, 스트레스 상황에선 까칠하게 반응한다는 걸요. 이렇듯 내가 가진 특성을 잘 이해하면 상황에 유연하게 대처하는 능력이 커집니다.

두 번째는 '입장을 바꿔 생각하기'입니다. "타인의 신발을 신어보기 전에는 그 사람을 이해하기 어렵다"는 말이 있습니다. 타인의 신발을 신어본다는 건, 그 사람이 현재 서 있는 자리로 가보는 것입니다. 그런데 우리가 다른 사람을 온전히 이해하는 게 가능할까요? 그 사람으로 살아보지 않는 이상, 불가능한 일이 아닐까요? 내 마음도 다 알지 못하는데 남의 마음을 어떻게 알 수 있을까요? 타인을 이해하는 데 가장 필요한 건 상상력이라고 생각합니다. 타인에 대해 상상할 수 있는 만큼 공감할 수 있습니다.

입장을 바꿔 생각해보는 연습은 갈등 관계에서 특히 효과를 발휘합니다. 견해가 달라 좀처럼 의견이 좁혀지지 않을 때, '저 사람은 어떤 맥락에서 이렇게 생각했을까?'를 살펴보면, 그 사람의 의견 자체에 반대하던 입장에서 벗어나 그 사람이 처해 있는 상황을 보게 됩니다. 좀 더 넓게 바라보는 시각이 생기지요. 내 주장을 철회할 생각은 없더라도 상대를 이해하는 마음을 갖게 되면 공격적인 말로 상처를 주는 일을 멈추고 섣부른 판단으로 관계를 망치는 잘못을 덜 하게 됩니다.

갓난아이는 자신의 욕구에만 충실합니다. 배고프면 울고 졸리면 칭얼거리죠. 쾌를 추구하고 불쾌는 피하며 눈앞의 욕구를 채우는 것에 치중할 뿐입니다. 그러다 타인의 욕구를 알게 되는 순간이 옵니다. 자신은 물론 타인의 마음을 입체적으로 조망하며 다양한 측면을 헤아리게 될 때 우리는 성장합니다. 지혜로운 인간 '호모 사피엔스'는 전망하는 인간 '호모 프로스펙투스Homo Prospectus'이기도 합니다. 우리는 어느 길을 지나 여기까지 왔는지뿐만 아니라, 지금 걷고 있는 이 길이 어디로 이어지는지 바라볼 수 있습니다. 그것을 가능하게 하는 모든 것의 출발선이 바로 '생각'입니다.

생각 탐색 글쓰기 ①

내가 갖고 있는 특성 한 가지를 떠올려봅니다. 예를 들어 '타인의 눈치를 많이 본다'고 생각한다면 다음과 같이 각 각 다른 입장에서 생각해보고 글로 써봅니다.

○   그 특성은 어떤 상황에서 장점으로 발휘된다고 생각하나요?

~~~~~~

~~~~~~

~~~~~~

~~~~~~

○   그 특성은 어떤 상황에서 단점으로 발휘된다고 생각하나요?

~~~~~~

~~~~~~

~~~~~~

~~~~~~

같은 생각을

반복하는 이유

그만두고 싶은데도 자꾸 떠오르는 생각이 있나요? 사랑에 빠져 시도 때도 없이 상대를 생각하는 것처럼 행복한 경우도 있지만, 아무리 애써도 잊히지 않는 과거의 사건도 있습니다. 타인이 지나가며 던진 한마디 말에 지나치게 의미를 부여하다가 '이 사람이 왜 그런 말을 했을까?' 하고 곱씹으며 과거에 들은 말까지 소환하지요. 내가 생각을 하는 건지, 생각이 나를 쥐고 흔드는 건지 헷갈리기까지 합니다.

"자꾸 같은 생각을 반복해요. 안 하려고 해도 저절로 떠오르고, 한번 생각이 나면 멈출 수가 없어요. 지금도 머릿속에서 그 생각이 떠나질 않아요."

"어떤 생각이 계속 드나요?"

"그때 다른 선택을 했더라면…"

상담 시간 내내 은영 씨의 미간엔 좁은 골목길 같은 주름이 잡혀 있었습니다. 울고 웃으며 하고 싶은 말을 하는 동안에도 미간 사이의 주름은 깊어지거나 얕아질 뿐 펴지지 않았지요. 은영 씨의 미간이 말보다 선명하게 은영 씨의 심정을 보여주고 있었습니다. 1년 전, 은영 씨는 남자친구와 이별했습니다. 평소 싸움의 주된 원인이었던 남자친구의 '여사친' 문제로 크게 다툰 후 갈등의 골이 깊어졌다고 합니다. 싸움과 화해를 반복하던 중 격한 감정을 이기지 못하고 서로에게 폭언을 퍼붓는 일까지 생겼지요. 사귀는 동안 몇 번이나 헤어지고 만났지만 결혼까지 생각했던 사이였기에 '진짜 이별'은 커다란 충격이었습니다. 지인들에게 이별을 알리는 것도 엄청난 스트레스였습니다. 한동안 외출하기도 힘든 상태여서 회사도 그만두고 집에만 틀어박혀 있었습니다. 급성 우울증이 찾아와 정신과 치료도 받았습니다.

다행스럽게도 시간이 지나면서 조금씩 일상을 회복할 수 있었습니다. 취직도 다시 하고, 원데이 클래스에 참여하며 취미 생활도 즐기고, 친구들과 여행도 다녔습니다. 소개팅 기회도 생겨 오랜만에 설렘을 느꼈지요. 하지만 약속 장소에는 끝내 가지 못하고 말았습니다. 이후에도 다른 사람을 만나보려고 시도했지만, 번번이 약속을 물리곤 했습니다.

"이별 후에 자책을 많이 했어요. 그 사람이 너무 미우면서도 내가 오해했던 건 아닐까, 내 잘못은 아닐까, 다른 선택을 했더라면 지금의 나는 달라졌을까, 이런 생각이 자꾸 들어요. 새로운 사람을 만나도 같은 잘못을 되풀이할까 봐 걱정되고요. 제가 혹시 강박증 환자일까요?"

강박적인 생각의 특징

누구나 기분 나쁜 생각에 사로잡힐 때가 있습니다. 연인과 헤어진 장소에 가면 저절로 좋지 않은 마음이 들어 되도록 그 장소를 피한다는 이들도 많습니다. 부정적인 생각이 반복적으로 떠올라서이지요. 그러나 불쾌한 생각이 반복적으로 떠오른다고 해서 꼭 강박사고라고 보지는 않습니다. 그렇다면 강박사고인지 아닌지 구별하는 기준은 무엇일까요?

첫째, 강박사고는 '강제로' 침투되는 생각입니다. 스스로 통제하지 못하기에 주체적으로 생각하거나 그만둘 수가 없습니다. 둘째, 강박사고는 '불쾌한' 감정을 동반합니다. 하루 중 어느 때라도 불쑥불쑥 찾아오는 강박적인 생각에 시달리는 일은 굉장히 괴로운 일입니다. 그런데 강박사고가 힘든 진짜 이유는 자신의 도덕적 기준과 인격에 정반대되는 내용을 담고 있는 경우가 많기 때문입니다. 이것을 '자아 이질성'이라고 합니다. 평소 자신이 가치 있다고 생각하는 핵심 가치나 성격과 대조를 이루는 것이지요. 셋째, 강박사고는 '저항하는' 노력을 하게 만듭니다. 강박사고를 불러오는 상황 자체를 피하기도 하고, 강박사고를 회피하려고 다른 행동을 하지요.

심리검사 결과 은영 씨는 부정적인 사고 성향이 높긴 했지만, 걱정할 수준은 아니었습니다. 그럼에도 자신을 괴롭히는 생각에서 자유롭지 못한 건 사실이었지요.

후회를 수만 번 반복해도 현재의 상황을 바꿀 수 없다는 걸 알면서도 우리는 왜 번번이 자신을 비난하는 생각을 멈추지 못하는 걸까요? 은영 씨가 돌아간 후 텅 빈 상담실에서 미간에 힘을 주고 주름을 만들어보았습니다. 자신을 괴롭히는 생각에서 벗어나고 싶지만, 동시에 바로 그 생각에 붙잡히길 선택하는 모순을 어떻게 다뤄나갈지, 생각이 많아지는 밤이었습니다.

생각의 고리를 끊어내는 법

은영 씨의 생각을 탐색하면서 자주 다뤘던 이슈는 '같은 생각을 반복하는 것'이었습니다. 그러다 종국엔 '끝장'식 사고에 사로잡히곤 했지요. 새로운 연애를 상상하다가도 '사람을 잘못 만나 인생이 끝장나면 어떡하지?'라는 걱정이 시작되면 자신도 모르게 선택을 잘못해서 결과가 나빴던 과거의 일들이 떠올랐습니다. 생각의 끝은 '자책'이었습니다. 과거로 다시 돌아갈 수 있다면 그때와 다른 선택을 하겠냐는 질문에 은영 씨는 "모르겠다"고 대답했습니다. 자신의 판단에 확신을 가질 수 없다면서요. 그러면서도 자기가 이별을 선택한 게 잘한 건지 자신이 없다고 했지요.

"그와 헤어진 걸 후회하시나요?"

"아니요. 그냥 결혼했어도 후회했을 것 같아요. 그냥 이런 생각을 안 하면 되는데, 정신 차려보면 또 생각하고 있어요. 저 되게 바보 같죠."

"바보 같진 않아요. 그보다 멈추고 싶으면서도 같은 생각을 반복하는 이유가 궁금하네요."

은영 씨는 분명히 자신의 문제를 해결하고 싶어 했습니다. 상담을 신청한 것도 과거에서 벗어나 더 나은 삶을 만들고 싶어서였으니까요. 그런데도 자신의 꼬리를 잡으려는 뱀처럼, 생각의 말단을 붙잡은 채 제자리를 뱅뱅 맴돌고 있었습니다. 하지만 아직 알아차리지 못했을 뿐, 은영 씨가 자주 하는 생각 속에는 과거의 후회보다 훨씬 더 중요한 '현재의 욕구'가 담겨 있었습니다. 연애와 결혼에 대한 이슈였지요. 새로운 사람을 만나기 위해서라도 습관처럼 반복하는 생각의 고리에서 과감히 벗어날 필요가 있었습니다.

헤어져도 후회하고, 만나도 후회한다면 어떤 선택을 해야 할까요? 평생 자책하고 후회하면서 '그때 왜 그랬을까'를 생각할 수밖에 없는 걸까요? 생각한 대로 결과가 나오지 않거나 충분히 생각하고 내린 결론도 때로는 잘못될 수 있다는 걸 여러분도 잘 알고 있을 겁니다. 은영 씨가 같은 생각을 반복하는 이유는 잘못을 바로잡기 위해서나 과거의 경험에서 현재를 변화시킬 방법을 모색하기 위해서가 아니었습니다. 좋은 사람을 만나 제대로 된 연애를 할 수 없을 거라는 '현재의 불안을 피하기 위해서'지요. 마치 집에 들어가기 싫은 아이가 집 근처를 배회하듯 과거 주변을 떠나지 못하는 것과 비슷합니다.

우리가 결정하기를 미루거나 생각의 미궁에 빠지는 이유는 대부분 불안하기 때문입니다. 불안을 회피하기 위해, 더 정확하게 말하자면 책임져야 할 것을 책임지지 않기 위해 생각을 붙잡는 거지요. 답이 없는 생각일수록 좋습니다. 오래, 되풀이해서 생각할수록 지금 직면해야 하는 일을 미룰 수 있으니까요.

그런데 이런 패턴은 결과적으로 큰 대가를 치르게 합니다. 끊임없이 과거를 후회하느라 현재를 생생하게 살아가지 못하니까요. 과거에 어떤 선택을 했든 선택보다 중요한 건 그 선택에 대해 책임을 지는 태도입니다. 은영 씨가 이별하는 쪽을 선택했다면, 현재의 삶을 망가뜨리지 않도록 자신을 잘 돌보는 시간을 가지는 게 자신을 위한 일입니다. 그러나 은영 씨의 사례에서 보는 것처럼, 과거의 생각에 묶여 있을 경우 '지금 이 순간'을 살지 못하고 '그때 그 자리'로 가버립니다. '이랬으면 어땠을까'를 끝없이 재생하며 현재의 삶을 살아가는 데 필요한 에너지를 심각하게 고갈시키지요.

은영 씨가 과거의 생각에서 벗어나기 시작한 건 자신이 바라는 삶에 초점을 맞춰 현실의 연애를 다루면서부터였습니다. 그러다가 현실에서 도피하고 싶어질 땐 어김없이 버릇처럼 과거 이야기를 꺼냈지요. 물러났다 나아갔다가를 반복하며 더디지만 꾸준히 상담에서 은영 씨의 애정 욕구를 다루었습니다. 이 과정에서 가장 도움이 되었던 질문은 바로 이것이었습니다.

"연애에 대해 부정적인 생각을 반복하는 일이 은영 씨에게 도움이 될까요?"

"아니요."

"그런데도 그 생각을 계속 붙잡고 있다면, 무엇을 피하고 있기 때문일까요?"

"다시 처음부터 연애를 시작할 자신이 없어서인 것 같아요."

은영 씨는 자신이 '현재'를 피하기 위해 '과거'를 붙잡고 있었음을 조금씩 받아들이고 인정하기 시작했습니다. 변화가 시작된 중요한 부분이었지요.

관점을 바꾸면 모든 것이 달라진다

생각을 잘해서 올바른 선택을 하고, 좋은 결과를 만들어낼 수 있다면 우리는 덜 불행할까요? 그 선택이 '베스트 초이스'였다고 어떻게 확신할 수 있을까요? 최선의 선택이 최악의 결과를 불러오는 일은 절대 일어나지 않을까요? 또는 최악이라고 생각했던 선택이 최선이었다는 것을 뒤늦게 알게 되는 일은 없을까요?

그때 그 사건 자체보다 지금 내가 그 사건을 어떻게 바라보느냐가 현재의 삶에 더 큰 영향을 미칩니다. 과거 큰 상처를 받은 사람들이 모두 현재를 불행하게 사는 건 아닙니다. 트라우마를 연구한 수많은 논문이 말해주듯, 역경을 겪은 후 오히려 성장한 사람들도 있습니다. 이들은 사건을 경험하기 전보다 자존감이 높아졌고, 배려심이 커졌으며, 사람들과의 관계에 관심을 더 많이 갖게 되었고, 삶을 긴 안목으로 바라보게 되었다고 합니다. 이와 같은 변화를 만든 것은 무엇일까요? 단적으로 말하자면 생각의 변화를 이루었기 때문입니다.

이와 관련해 옛날이야기 한 편을 들려드리고자 합니다. 잘 알려진 고사성어 중에 '새옹지마塞翁之馬'가 있습니다. 변방의 노인이 기르던 말에 대한 이야기지요. 옛날 중국 변방에 한 노인이 살았습니다. 하루는 그가 기르던 말이 국경을 넘어 도망가버렸습니다. 위로하는 마을 사람들에게 노인은 이렇게 말했습니다.

"이 일이 복이 될지 어떻게 알겠소?"

몇 달 후 도망간 말은 훌륭한 말과 함께 돌아왔습니다. 축하하는 사람들에게 노인은 이렇게 말했지요.

"이 일이 화가 될지 어떻게 알겠소?"

며칠 후 노인의 아들이 말에서 떨어지는 사고를 당해 다리를 크게 다쳤습니다. 이때도 노인은 "이 일이 복이 될지 어떻게 알겠소?"라고 말했지요. 얼마 후 전쟁이 터졌습니다. 젊은 남자들은 모두 징발되어 열 명 중 아홉 명은 죽었지만, 노인의 아들은 다리를 쓰지 못한 덕분에 전쟁터에 끌려가지 않았고 무사히 목숨을 유지했다고 합니다.

"장고 끝에 악수 둔다"는 말처럼 생각에 생각을 거듭해도 완벽하게 원하는 결과를 얻지 못할 수 있습니다. 생각은 경험에서 나오는데, 우리가 해온 경험의 폭이 넓지 않을 경우 제한된 생각에 머물 수밖에 없지요. 고민하고 생각해서 내린 결론이 나에게 복이 될지 화가 될지 지금 당장 '낱낱이' 알 수는 없습니다. 노인은 아들이 말을 타는 것을 위험하게 생각해서 금지시켰을 수도 있습니다. 자신의 생각이 옳다고 생각했겠지만, 미래에 일어날 전쟁에서 아들은 목숨을 잃었을지도 모릅니다.

하나의 사건을 입체적으로 조망하게 되면 일희일비에 덜 시달리게 됩니다. 삶의 길은 기쁨으로만 이어지지도 않고 슬픔으로만 연결되지도 않습니다. 기쁨과 슬픔이 공존해 있지요. 지금 잘 나간다고 해서 영원히 꽃길만 걷게 되지는 않습니다. 지금은 나쁜 일처럼 보이지만 나중에 좋은 일의 씨앗으로 변하기도 하고, 지금 당장 기쁜 일처럼 보이는 일이 불행의 시작이기도 합니다. 살아가는 동안 잘못도 저지르고 실수도 합니다. 그러나 그 일로 인해 과거에 못 박힌 채 살아가지 않아도 됩니다. 과거에 겪은 일로 후회하는 생각을 멈추고 싶다면 "그때의 나는 그 시점에서 할 수 있는 최선을 다했다"고 말해주세요. 조금 부족하고, 조금 아쉽더라도 그 경험을 했기에 오늘의 내가 있는 것이니까요.

생각 탐색 글쓰기 ②

○ 해야 할 일을 피하고 싶을 때마다 습관적으로 붙잡는 생각이
   있나요?

~~~~~~

~~~~~~

~~~~~~

~~~~~~

~~~~~~

○ 후회하는 사건을 떠올린 후 다른 관점으로 바라보세요. 어떤
   점이 전과 다르게 생각되나요? 달라진 점은 무엇인가요?

~~~~~~

~~~~~~

~~~~~~

~~~~~~

~~~~~~

부정적인 사고 패턴에서

벗어나는 법

혜진 씨는 1년간의 육아휴직 후 복귀를 한 달 앞둔 상태에서 찾아왔습니다. 직장에 돌아갈 날이 다가올수록 두려움을 느끼고 걱정도 많아졌습니다.

"예전처럼 일을 못 할 것 같아요. 팀장님을 실망시키고 동료들에게도 폐를 끼칠 거예요."

혜진 씨가 자신도 모르게 자동으로 재생하던 생각은 주로 '복귀후 일하는 건 어렵다', '업무 이해력이 떨어질 것이다', '사람들에게 폐를 끼칠 것이다' 등이었습니다. 설거지를 하다가도 이유식을 만들다가도 정신을 차려보면 이런 생각을 하고 있다고 했습니다.

"6개월을 쉬었으니 예전보다 일에 대한 감각이 당장은 떨어질 수도 있겠지요. 그런데 예전처럼 일을 잘 못할 거라는 생각에는 어떤 근거가 있을까요? 회사에서 다루는 프로그램이 달라지거나 업무에 변화가 있나요?"

"그렇진 않아요. 프로그램이나 업무 자체가 크게 달라지는 분야가 아니거든요. 그저 하루 종일 아기 젖 먹이고 똥 기저귀 갈아주고 잠투정에 시달리다 보니 내가 어떻게 트렌디한 기획을 하나 싶어요."

"복귀하자마자 바로 새로운 기획을 하고 성과를 팍팍 내야 되는 곳이에요?"

"아뇨. 적응 기간을 충분히 주실 거예요. 회사 분위기는 좋아요."

"그럼 팀에서도 혜진 씨가 복귀하길 기다리겠네요?"

"네. 어제도 팀장님과 동료들로부터 돌아오길 기다린다는 메시지를 받았어요."

두루두루 탐색을 해봤지만 '현실적으로' 혜진 씨를 위협하는 객관적 요소는 없어 보였습니다. 과거에 변화를 앞둔 상황에서 어려움을 겪었던 적이 있는지 물어보았습니다.

"새로운 상황에 적응해야 할 때 어려움을 느낀 적이 있나요?"

"음…, 신학기증후군이라고 하나요? 학년이 바뀌거나 방학이 끝나갈 때 우울해지곤 했어요. 대학 때 1년 정도 호주로 어학연수를 간 적이 있는데 그때도 한두 달은 적응하는 데 힘들었고요. 제가 좀 많이 예민한 편이에요. 다른 친구들은 금방 적응하는 것 같은데…"

"혜진 씨에게 필요한 시간이 남과 똑같을 이유는 없지요. 적응하는 데 걸리는 시간은 사람마다 다르니까요."

혜진 씨의 긴장된 표정이 조금 느슨하게 풀어지고 숨도 한층 깊어진 듯했습니다.

"혜진 씨가 생각하는 최악의 경우는 무엇인가요?"

"일 못한다고 쫓겨나는 거요."

"그렇게 막 쫓아내는 회사 아니라면서요?"

"네! 저희 팀장님과 팀원들, 정말 좋은 분들이에요. 저를 많이 도와줄 거예요. 일이 정말 힘들면 적응 기간을 가질 수도 있고요. 휴, 이렇게 생각하니 회사로 돌아가는 일이 생각보다 무섭게 느껴지진 않네요."

상담이 거의 끝나갈 무렵에 혜진 씨에게 이렇게 물었습니다.

"만약 남편분이 혜진 씨와 비슷한 상황을 겪는다면, 무슨 말을 해주고 싶어요?"

"…괜찮다고 말해주고 싶어요."

혜진 씨는 목이 메는지 잠시 말을 멈추었습니다. 그리고 이렇게 덧붙였습니다.

"정말 괜찮다고요. 일 좀 못한다고 세상이 끝나는 건 아니라고요."

"그렇죠. 일 좀 못한다고 세상이 끝장난다면, 세상은 진작 망했을 걸요."

농담처럼 한 말에 혜진 씨가 까르르 웃었습니다. 한결 가벼워 보이는 얼굴이었습니다. 세상이 아직 망하지 않았다는 건 누군가 일을 좀 못해도 괜찮다는 말일 테니까요.

자동적 사고가 우리에게 미치는 영향

자동적 사고는 깊이 생각하거나 합리적으로 판단한 결과가 아닙니다. 순식간에 떠오르는 생각이기 때문에 '자동적 사고'라고 하지요. 이는 심리학자 아론 벡Aaron Beck이 우울증 환자의 사고 과정을 조사하면서 발견한 개념입니다. 우울증 환자들은 실패, 상실, 좌절 등 전반적으로 부정적인 사고를 많이 하는데, 그는 우울감과 현실에 적응하지 못하는 행동이 이런 부정적인 생각에 의해 촉발된다는 걸 발견했습니다. 정작 본인들은 부정적인 자동적 사고에 사로잡혀 있다는 걸 알지 못했지만요.

물론 자동적 사고가 우울증 환자들의 전유물은 아닙니다. 우리도 시시때때로 자동적 사고에 휘둘립니다. 하지만 속도가 너무 빨라서 자각하기 어렵습니다. 쉬지 않고 지껄이는 내면의 소음 속에 있으면서도 그 소음을 듣고 있다는 것조차 모르지요. 생각하고 있지만 생각하지 않는 상태라고나 할까요. 그러나 자동적 사고가 우리에게 미치는 영향은 매우 큽니다. 불평불만이 많아지고, 걱정에 사로잡히고, 불쾌한 감정 상태에 오래 머물며, 한 가지 일에 집중하기가 어려워지지요. 그렇기에 내가 어떤 자동적 사고에 쉽게 사로잡히는지 찾아보는 일은 건강하고 균형 잡힌 삶을 살아가기 위해서라도 꼭 필요한 일입니다.

자동적 사고에 '익숙해지면' 그것이 자신의 판단력에 영향을 미친다는 걸 눈치채지 못합니다. 흑백논리에 사로잡혀 일에 대해서는 '성공 아니면 실패', 관계에서는 '내 편 아니면 적', 피드백에 대해서는 '칭찬 아니면 비난'으로 해석하지요. 흑과 백 가운데 회색이 있다는 걸 생각하지 못해서 유연성이 떨어집니다. 또한 특수한 상황을 일반화하는 오류에 빠지기도 합니다. 시험에 떨어졌다고 인생 망했다고 생각하거나, 고백을 거절당했다고 모든 사람에게 사랑받지 못할 거라고 생각하기도 하지요. 이와 반대로 시야가 특정하게 좁아지기도 합니다. 발표를 했을 때 아홉 사람에게 박수를 받아도 박수 치지 않는 한 사람이 있다는 이유로 낙담하기도 하지요. 심각한 경우 지나가는 사람이 옆 사람을 보며 웃어도 자신을 비웃었다고 생각하거나 친구가 의미 없이 던진 농담도 '뼈 있는 말'이라고 받아들이며 의미를 확대합니다.

이렇게 생각하는 성향이 굳어지면 더 큰 문제를 만들어냅니다. 자신과 타인, 세상은 물론 삶의 미래까지 부정적으로 생각하게 될 수 있습니다. 그리고 이런 태도가 굳어지면 성격이 됩니다. 한 사람의 성격은 특정한 자극에 대해 어떻게 해석하고 있는지를 보여주는 일종의 틀과 같습니다. 내가 어떤 자동적 사고에 자주 휘둘리는지 발견하기 어렵다면, 내 성격적 특성을 생각해보는 것도 도움이 됩니다.

자동적 사고를 멈추는 두 가지 방법

같은 사건을 겪어도 사람마다 해석하는 방식은 다릅니다. 컵에 물이 반쯤 차 있는 걸 보고도 누군가는 '반이나 있네'라고 생각하지만, 누군가는 '반밖에 없다'고 생각하지요. 밤새 눈이 펑펑 내린 일요일 아침, 하얗게 쌓인 눈을 보며 누군가는 '눈 오리'를 만들 생각에 신나겠지만, 누군가는 '출근길'을 걱정합니다. 어떻게 생각하든 너무 자연스럽게 이어져 당연하다고 여길 정도입니다. 그런데 정말, 내가 하는 생각은 '항상, 언제나, 늘' 당연한 걸까요?

자동적 사고에 덜 휘둘리려면 내가 평소 당연하게 여기던 생각을 다른 관점으로 바라보려는 노력이 필요합니다. "어? 정말 그런가?"라고 자신에게 물어보는 것만으로도 자극과 자동반응 사이에 틈을 만들어 하던 대로 하던 생각을 멈출 수 있지요. 자동적 사고를 멈추는 데 도움이 되는 두 가지 방법을 알려드립니다.

첫 번째는 '알아차림'입니다. 자동적 사고를 하고 있음을 인지조차 하지 못한 상태에선 무엇이 문제인지 알기 어려우니까요. 혜진 씨가 복귀에 대한 걱정을 떨치고 순조롭게 적응할 수 있었던 이유도 자신도 모르게 하고 있던 자동적 사고가 무엇인지 명확히 알았기 때문입니다. 자동적 사고는 일종의 '내면의 지껄임'입니다. 폭풍처럼 쏟아지는 수다와 같지요. 그 수다를 진지하게 들을 이유가 있을까요? 혜진 씨는 자신이 '복귀 후 일하는 건 어렵다', '업무 이해력이 떨어질 것이다', '사람들에게 폐를 끼칠 것이다'는 자동적 사고에 빠져 있음을 알아차릴 때마다 "스톱!"을 외쳤습니다. 그것은 습관적 생각일 뿐, 사실이 아니니까요.

두 번째 방법은 '의도적으로 말하기'입니다. 자신이 빠져드는 자동적 사고와 객관적 사실을 적은 후 자신에게 힘이 되는 말을 찾아내서 스스로에게 해주는 것입니다. 혜진 씨와 함께 연습했던 방법 중에 한 가지 예시를 들면 다음과 같습니다.

| 자동적 사고를 멈추는 연습법 예시 |

자동적 사고	"복귀 후 일하는 건 어렵다."
객관적 사실	1. 나를 도와줄 동료들이 있다. 2. 성공적으로 복귀한 선배들이 있다. 3. 힘들 때 적응 기간을 가질 수 있다.
의도적으로 말하기	"나는 복귀한 후 새롭게 적응할 것이다."

자동적 사고를 탐색하는 일은 분명히 도움이 되지만, 이때 기억해야 할 것이 있습니다. 문제를 너무 크게 보면 사람을 잊게 된다

는 사실입니다. 어떤 한 사람의 문제는 그가 삶에서 겪고 있는 수많은 일들의 일부일 뿐, 전체가 아닙니다. 우리는 입체적이고 총체적인 존재입니다. '모든 것이 문제'라고 생각하는 것도 자동적 사고 중의 하나이지요. 또한, 자동적 사고만으로 한 사람의 심리적 문제를 전부 처리해버리면 단순화의 오류에 빠집니다. 자동적 사고를 가졌기 때문이 아니라 현실적인 해결 기술이 부족해서 생긴 문제일 수도 있으니까요.

힘든 일을 겪을 때 누구라도 자신의 능력을 의심하며 대응할 힘이 없다는 자동적 사고에 휘둘릴 수 있습니다. 그런데 모든 상황에 약하고 대응할 힘이 전혀 없는 사람이 과연 있을까요? 지금 우리가 살아 있다는 사실만으로도 이 신념은 틀렸습니다. 태어난 이후 우리는 크고 작은 위험을 겪으며 살아왔습니다. 학교라는 낯선 환경에서도 적응했고, 생전 처음 보는 사람들을 친구로 만들었으며, 해보지 않았던 일을 능숙하게 하고 있고, 심지어 코로나19라는 사상 초유의 팬데믹을 겪어냈지요. 우리가 때로 자동적 사고에 조종당하는 마리오네트(관절마다 매달린 끈을 사람이 조종해서 움직이는 인형)가 되는 일이 아주 가끔 있더라도, 항상 그런 건 아닙니다. 언제든 보이지 않는 끈을 끊어낼 수 있습니다. 생각이 나의 주인이 아니라, 내가 생각의 주인이니까요.

생각 탐색 글쓰기 ③

○ 내가 자주 하는 자동적 사고는 무엇인가요?

○ 그것이 사실이 아니라고 생각할 만한 이유는 없을까요?

내가 부족하다는 생각은

어디서 오는가

산책을 하다가 자주 발걸음을 멈추는 곳이 있습니다. 잘 자란 은행나무 앞입니다. 봄이면 새끼손톱처럼 앙증맞은 잎을 틔우고 여름이면 무성해지다가 가을엔 노랗게 물이 들지요. 늦가을부터 초겨울에 걸쳐 잎을 모두 떨어뜨리고 나면 다음 봄이 올 때까지 겨울 내내 빈 가지를 공중에 내어줍니다. 날이 풀리고 봄기운이 느껴질 무렵, 우듬지 끝에서 연둣빛이 새어 나오지요. 볼 때마다 놀라운 광경입니다.

은행나무는 생각의 층위에 대해 많은 것을 알려줍니다. 푸르게 빛나는 잎들은 가지에 매달려 있습니다. 그리고 가지를 따라 내려가면 눈에는 보이지 않지만 뿌리가 있습니다. 뿌리가 죽지 않는 이상 잎들은 언제든 피어나고 가지들은 힘차게 뻗어납니다.

바람에 흔들리는 하나하나의 '나뭇잎'들은 '자동적 사고'입니다. 속도가 빠르고, 습관적이고, 쉬지 않고 나풀거리지요. 나뭇잎을 매달고 있는 '가지'들은 삶에 대한 태도나 규범 등에 해당하는 '중간 신념'입니다. 그리고 수많은 가지를 지탱하는 '뿌리'가 바로 '핵심 신념'이지요. 합리적이고 기능적인 핵심 신념도 있지만, 비합리적이고 역기능적인 것도 있습니다. 마음 깊은 곳에 자리 잡은 핵심 신념은 조용하지만 강력합니다. 눈에 보이지 않지만, 삶 전반에 영향을 미치는 '지하 사령관' 같은 존재라고나 할까요.

"쉽게 우울해지고 어떤 일에도 의욕이 나지 않아요."

연호 씨는 업무상 실수를 했습니다. 잠시 혼란이 있었지만 다행히 큰 문제로 번지지 않았고, 평소 신뢰가 탄탄했던 거래처에서도 충분히 이해해줬다고 합니다. 팀장도 문제로 삼기는커녕 그럴 수 있다며 오히려 위로해주었고요. 그런데 한 달이 지나 공황발작을 겪었고, 본인의 말에 따르면 "우울감이 심해져서 일을 할 수 없을 정도가 되었다"고 했습니다. 병가를 내고 잠시 휴직 중인데 곧 복직을 앞두고 있었습니다. 일도 관계도 버겁기만 해서 퇴사하고 싶지만, 집에만 있으면 상태가 더 나빠질까 봐 걱정이라고 했습니다.

연호 씨의 자동적 사고는 '사람들에게 친절해야 해', '실력이 없으면 질 수밖에 없어', '사람들에게 인정받아야 해' 등이었습니다. 그리고 이런 자동적 사고를 끊임없이 만드는 또 다른 생각들은 다음과 같은 것이었습니다.

'이기적으로 행동하면 사람들이 나를 싫어할 거야.'

'세상은 정글과 같기 때문에 살아남으려면 경쟁에서 무조건 이겨야 해.'

'나를 사랑한다면 무조건 내가 원하는 대로 해주는 게 당연해.'

자신을 어떤 사람이라고 생각하느냐는 질문에 그는 "부족한 게 많은 사람이요"라고 말했습니다. 남들은 본인을 어떻게 생각할 것 같으냐고 물어보자 "전혀 부족한 게 없는 사람이요"라고 대답했지요. 같은 사람을 두고 어떻게 이렇게 정반대의 의견이 나올 수 있을까요? 물론 사람은 입체적인 존재이므로 한 사람에 대해 다양한 의견이 있을 수 있습니다. 그런데 연호 씨의 경우는 '자신이 생각하는 나'와 '타인이 생각하는 나'의 괴리감이 너무나 컸습니다.

"머리로는 알아요. 부족한 게 없다는 걸요. 일에서도 인정받고 있고, 경제적으로도 큰 어려움이 없고, 대인관계도 그럭저럭 잘하고 있으니까요."

"그런데도 항상 부족하다는 생각이 든다는 거죠?"

연호 씨는 고개를 푹 숙였습니다. '실제' 가진 것이 충분히 많은데도 부족하다는 생각에 초조해질 때가 많다고 했습니다. 일의 성과가 좋아서 인센티브를 받을 때조차 '뭔가 잘못되었고, 어딘가 부족하다'는 생각이 든다고 했습니다. 남들이 뭐라고 하든 자신은 '돈도 부족하고, 인품도 부족하고, 창의력도 부족하고, 성과도 부족한' 사람이었습니다. 겉으로는 잘 나가는 대기업 사원이었지만 그의 내면은 초라하고 보잘것없다는 생각으로 가득 차 있었습니다.

그는 어쩌다가 이토록 '부족한 세상'에서 살게 된 것일까요? 연호 씨가 상담에서 전환점을 맞을 정도로 큰 통찰을 얻었던 순간은 '내가 완벽하게 해내지 못하면 비난받아 마땅하다'는 중간 신념보다 더 아래 존재하던, '나는 무능하다'는 핵심 신념을 알아차렸을 때였습니다. 자신의 무능함을 감추기 위해 완벽하게 해내려고 했고, 완벽하게 해내지 못했을 때 받을지도 모르는 비난이 두려웠으며, 사람들에게 비난받는 게 두려워 친절하고 실력 있는 모습을 과도하게 만들어내느라 기진맥진할 정도로 애써왔던 것입니다. 그런데 이번 일로 그동안 아슬아슬하게 쌓아 올렸던 정신의 댐이 무너진 거였지요. 그리고 결과는 무너진 댐 사이로 걷잡을 수 없이 쏟아져 흐르는 물처럼 소용돌이치는 '심리적 혼란'이었습니다.

어린 시절의 경험이 신념을 만든다

'나는 무능하다.'

연호 씨의 내면 깊숙한 곳에 숨어 있던 이 생각은 그의 아버지가 보인 양육 태도에서 비롯된 것이었습니다. 연호 씨의 아버지는 육

군 장교로 엄격한 교육 방침을 가진 분이었습니다. 절도 있는 행동과 완벽한 결과를 최고의 가치로 여겼기에 작은 실수도 그냥 넘어가는 법이 없었다고 합니다. 연호 씨가 중학교에 입학하던 해에 어머니가 돌아가셨는데, 이후 아버지는 더욱 외골수적인 성향을 보였다고 합니다. 아버지가 화를 내면 숨 쉬기도 어려울 만큼 압박감을 느꼈지요.

"어릴 땐 젓가락을 제대로 쥐지 못한다고 젓가락으로 콩알 백 개 옮기기를 연습하기도 했어요."

젓가락질은커녕 숟가락질도 익숙지 않았을 아이에게는 가혹한 일이었을 겁니다. 아버지의 강한 면에 비해 어머니의 존재감은 너무나 약하고 미미했습니다. 아버지가 입버릇처럼 하는 말은 "바보 같은 실수나 저지르는 것들이 나라를 망하게 한다"였다고 합니다. 젓가락질 좀 못한다고 나라가 망하진 않을 텐데 말입니다.

아버지에게 비난받을 때마다 연호 씨는 무력감을 느끼곤 했습니다. 있는 그대로 자신을 받아주지 않고, 실수 없이 잘 해냈을 때만 조건적 애정을 주는 아버지가 싫으면서도 아버지의 기대에 부응하기 위해 노력했지요. 아버지의 눈은 회초리처럼 연호 씨를 따라다녔습니다.

"바보가 아니라면 그 정도는 누구나 한다."

"안 된다고 포기할 거면 시작도 하지 마라."

아버지의 말은 연호 씨의 무의식 안에 뿌리를 내렸고, 삶의 방향을 결정하는 '명령어'가 되었습니다.

"일이 재미있고 즐겁다는 사람들을 보면 이해가 되지 않았어요. 왜? 뭐가 즐겁지? 실수라도 하면 끝장나는 건데."

일 전체를 망칠 만큼 큰 실수가 아니었음에도 자신의 실수를 과도하게 받아들여 공황발작까지 일으켰던 이유는 "이 일로 망신당하고 해고당하면 어떡하지?"라는 생각을 하면서부터였습니다. 앞에서는 괜찮다고 하면서도 뒤에서 웃음거리로 만들고 조롱하는 동료들의 꿈을 꾸기도 했습니다. 식은땀을 뻘뻘 흘리고 잠에서 깨면 아버지의 목소리가 귓가에 들리는 것 같았지요.

"무능한 녀석, 이것밖에 못해?"

아이의 내면에 특정한 신념이 형성되는 과정은 과학적으로 낱낱이 밝혀지진 않았습니다. 그런데 내 안에 왜 이런 생각이 생겼는지 원인을 찾는 게 중요한 이유는 무엇일까요? 그저 알기만 하면 달라지기 때문일까요? 아는 것이 시작이지만, 그것만으로는 충분하지 않습니다. 만약, 숲길을 걸어가는데 갑자기 화살이 날아와 옆구리에 박혔다면 어떻게 하겠습니까? 화살을 맞고서도 안 맞은 척하겠습니까? 어디에서 화살이 날아왔는지, 누가 화살을 쏘았는지, 왜 나에게 쏘았는지 피를 철철 흘리면서 '원수'를 찾아다닐 건가요? '아이고, 나 죽겠다'고 상처는 그대로 둔 채 엉엉 울고만 있을 건가요?

무엇보다 시급한 일은 화살을 뽑아내고 치료하는 일입니다. 비합리적이고 역기능적인 신념을 찾아내는 일은 화살이 어디에 꽂혀 있는지를 정확하게 보는 일입니다. 화살이 박힌 자리가 어딘지도 모르면서 화살을 뽑을 수는 없으니까요. 치유는 상처 입은 곳, 바로 거기에서 시작해야 합니다. 문제가 무엇인지 알아야 해결도 할 수 있습니다.

생각의 뿌리를 이루는 핵심 신념 찾기

자동적 사고를 자주 하는 이유는 그것을 만들어내는 '생각의 틀'이 있기 때문입니다. 생각의 틀은 사람마다 다른데 이에 따라 일어난 일을 다르게 해석합니다. 이 생각의 틀을 '인지도식Cognitive Schema'이라고 하는데 자신과 세상에 대한 신념으로 구성되어 있습니다. 연호 씨의 인지도식을 탐색해본 결과 역기능적인 핵심 신념들이 많았습니다. 이것을 바꾸는 일이 중요한 작업이었지요.

생각의 뿌리가 되는 핵심 신념을 단번에 찾기는 어렵습니다. 그래서 쉽게 찾을 수 있는 '자동적 사고'에서 출발합니다. 연호 씨는 자신의 부정적이고 자동적인 사고를 매일 관찰하고 기록한 후 저녁 7시가되면 그 내용을 저에게 메신저로 보냈습니다. 그것을 바탕으로 상담에서 비합리적이고 역기능적인 핵심 신념을 찾아보고, 그에 대한 지지 증거들과 반대 증거들을 각각 검토했지요. 실제 과정은 한층 복잡했지만, 간단히 정리하면 다음과 같습니다.

① 일상에서 불쾌함을 느낀 사건	프로젝트를 맡는 과정에서 팀장이 나에게 한 말 "잘할 수 있지?"
② 그 사건에 대해 자동적으로 떠오른 생각	"나를 못 믿나?" "이번 일은 잘 못할 것 같다."
③ 느낀 감정	불안, 두려움, 의심, 혼란, 자책감
④ 신체감각	안면홍조, 심장 두근거림, 손바닥의 열기
⑤ 시도한 행동	일어나서 커피믹스를 탐, 화장실에 감, 복도를 서성거림
⑥ 자동적 사고를 밑받침하는 증거	지난번 업무에서 했던 실수, 뚜렷한 성과를 내지 못함
⑦ 자동적 사고를 반박하는 증거	지난번 업무에서 실수하긴 했지만 그동안 잘해낸 일도 많음
⑧ 자동적 사고를 만든 중간 신념	"내가 이 일을 잘하지 못한다면, 웃음거리가 될 것이다."
⑨ 중간 신념을 만든 핵심 신념	"나는 무능하다."

"전 자신을 객관적으로 파악하고 있다고 생각했는데, 이걸 보니 어이가 없네요."

연호 씨는 '무능력함'에 꽂혀 있는 자신이 지겹다고 웃었습니다. 그러다 사실을 있는 그대로 보지 못하고 왜곡했던 경험에 관해서 이야기를 꺼냈습니다. 좀 더 적응적이고 대응적인 생각을 할 수 있었는데 그러지 못했던 걸 아쉬워하기도 했지요. 그리고 자신에게도 보여주고 싶은 면이 있는 반면, 감추고 싶은 면도 있다는 걸 인정했습니다. 나뭇잎에도 앞면과 뒷면이 있듯, 사람에게도 양면이 있다는 것을 깨달았지요. 부족함이 무능함은 아니며 완벽하지 않아도 괜찮다는 걸 조금씩 받아들이기 시작한 겁니다. 이 통찰은 연호 씨의 생각을 크게 바꾸었고, 심리적 성장으로 이어졌습니다.

우리를 괴롭히는 문제를 똑바로 인식하는 건 어려운 일입니다. 쉬운 일이었다면 벌써 해결했겠지요. 그러나 어렵기 때문에 도전할 가치가 있고, 그만큼 값진 의미를 가집니다. 마음 한가운데 박혀 있는 화살을 스스로 뽑아내는 작업이 결코 쉬운 일은 아니었지만, 연호 씨는 회피하지 않고 그 과정을 진행했습니다. 당장에 나는 상처는 아프겠지만, 치료를 받으면 건강해진다는 걸 알았기 때문에 자신을 위해 기꺼이 좋은 선택을 했습니다.

우리는 합리적인 신념을 가지기도 하지만, 비합리적인 신념을 가지기도 합니다. 성장을 원하기도 하지만 문제를 회피하기도 하며, 사실을 정확히 볼 때도 있지만 편협하게 왜곡할 때도 있습니다. 한 사람 안에 이렇게 상반되는 면이 있음을 깨닫고 자신을 객관적으로 보는 노력을 꾸준히 한다면, 생각에 대한 자동반응을 멈추고 더 나은 선택을 할 수 있습니다.

생각 탐색 글쓰기 ④

○ 현재 일상에서 겪고 있는 문제에 대해 아래 순서에 맞춰 적어
   보세요.

① 일상에서 불쾌함을 느낀 사건	
② 그 사건에 대해 자동 적으로 떠오른 생각	
③ 느낀 감정	
④ 신체감각	
⑤ 시도한 행동	

⑥ 자동적 사고를 밑받침하는 증거	
⑦ 자동적 사고를 반박하는 증거	
⑧ 자동적 사고를 만든 중간 신념	
⑨ 중간 신념을 만든 핵심 신념	

○ ①번부터 ⑨번까지 적은 걸 보니 어떤 생각이 떠오르나요?

~~~~~~

~~~~~~

~~~~~~

~~~~~~

~~~~~~

다른 사람의 생각을

추측하지 말자

"절 안 좋게 보는 게 틀림없어요. 불편한 게 있으면 차라리 솔직하게 말해달라고 했죠. 그런데 절대 아니래요. 그런데 전 알아요. 아니, 어떻게 모를 수가 있어요?"

진영 씨는 직장 동료들 때문에 속상할 때가 많았습니다. 속상한 이유를 들어보면 "뻔히 보이는데도 솔직하게 말하지 않아서"였지요. 친구들과의 관계에서 갈등이 생겼을 때도 이유는 비슷했습니다. 자신은 그들의 속마음을 다 아는데, 정작 그들은 아닌 척하며 변명만 늘어놓는다는 겁니다.

진영 씨는 남들의 생각을 잘 읽는다고 생각했지만, 사실은 '지나치게 눈치를 보는 습관'이 있었습니다. 타인이 하는 말이나 행동에 하나하나 의미를 부여하며 의도를 찾으려고 했지요. 동료들과 점심을 먹을 때도 그들이 하는 한마디 한마디에 과도하게 의미를 부여했습니다. 이런 습관 때문에 본인도 스트레스를 받고 있었지만, 그럼에도 타인의 생각을 손바닥 들여다보듯 훤히 알고 있다는 확신을 내려놓지 못했습니다.

'메뉴를 늦게 정하는 것 같은데… 식당이 별로인가 봐.'

'지금 이 말을 왜 나에게 하는 거지? 내가 마음에 안 드나?'

일을 할 때도 상사의 업무 지시에 집중하기보다 '왜 말투가 차갑지? 내가 실수를 한 게 있나?'라며 눈치를 보는 바람에 정작 해야 할 일엔 집중하지 못할 때가 많았습니다. 낮은 업무 성과에 불안해지면 또다시 상사의 눈치를 보는 악순환을 겪고 있었지요.

'이번 일로 승진에서 누락되면 어떡하지?'

'아까 팀원들이 나를 보고 비웃는 것 같던데 팀장이 나에 대한 뒷담화라도 했나?'

직장에서 받은 스트레스는 남자친구와의 관계에도 좋지 않은 영향을 미쳤습니다.

"다른 사람이 생긴 게 틀림없어요. 본인은 펄쩍 뛰죠. 제가 오해한 거라고. 아니, 이런 걸로 무슨 오해를 해요. 딱 봐도 답이 나오는데."

진영 씨는 남자친구가 아니라고 해도 믿지 못하고, 자신의 주장만 되풀이하고 있었습니다. 자기 생각이 맞다고 철석같이 믿고 있었지요. 그러나 진영 씨가 애를 쓰면 쓸수록 관계는 악화될 뿐이었습니다. 타인의 눈치를 보느라 기진맥진해서 정서적으로도 소진이 컸지요. 게다가 상대의 의중을 상상하는 데 온통 정신이 팔려 있다 보니 진짜 중요한 것, 즉 현실을 정확히 바라보는 능력을 키우지 못 하고 있었습니다. 그런데 과연 누군가의 생각을 정확히 아는 일이 가능한 걸까요? 타인의 머릿속에 들어가 볼 수도 없는 노릇인데, 그 사람이 어떤 상황에서 어떤 생각을 하는지 어떻게 알 수 있을까요?

자기중심적으로 생각하는 사람들의 특징

유명한 심리학 실험 중에 '세 산 실험Three Mountains Experiment'이 있습니다. 심리학자 장 피아제Jean Piaget가 고안한 실험으로 2~7세 무렵 유아들의 사고 특징을 잘 보여주지요. 이 시기를 '전조작기'라 고 하는데 지적 영역에서 많은 발달이 일어나는 때입니다.

실험 방법은 간단합니다. 아이 앞에 커다란 책상을 하나 두고, 책 상 위에는 세 개의 산 모형을 올려두었습니다. 그리고 아이의 반대 편 의자에 인형을 앉혀 두었죠. 세 개의 산은 각각 크기도 다르고 특 징도 달랐습니다. 아이가 서 있는 곳에서 보면 가장 큰 산이 맨 앞에 있었고, 중간 크기의 산이 그 뒤에, 가장 작은 산이 맨 뒤에 있었습니 다. 아이에게 세 개의 산을 그리게 하면 어떻게 그릴까요? 자신이 보 는 대로 큰 산, 중간 산, 작은 산의 순서대로 그리겠지요. 실험에 참

여한 아이도 그렇게 그렸답니다.

첫 번째 그림을 그린 후 두 번째는 인형이 보는 세 개의 산을 그려보게 했습니다. 그랬더니 아주 재미있는 결과가 나왔습니다. 과연 아이는 어떤 그림을 그렸을까요? 인형의 입장에선 작은 산이 맨 앞에 있고, 중간 산이 그다음, 큰 산이 맨 뒤에 있을 겁니다. 그런데 아이는 자기가 보는 대로 첫 번째 그림과 똑같이 그렸습니다. 자신이 보는 것처럼 인형도 보고 있다고 생각했으니까요. 어디에서 보느냐에 따라 보이는 모습이 달라진다는 걸 알지 못하기 때문입니다. 세 산 실험은 전조작기 아이들이 '자아중심적인 사고'를 하고 있다는 증거이기도 합니다.

전조작기에는 상징적 도식이 발달합니다. 누군가 '빵'이라고 말하면 머릿속에 빵을 떠올리지요. 그런데 겉모습과 실제 모습을 정확하게 구분하지 못할 때도 있습니다. 펭수가 나타나면 진짜 펭수라고 생각하지 그 안에 다른 사람이 들어 있다고 생각하지 못하지요(물론 개인차는 있을 수 있습니다). 이 외에 다른 특징들도 있지만 가장 큰 특징은 세 산 실험에서 드러난 것처럼 자아중심적인 생각에 머물러 있다는 점입니다. 내가 보는 게 사실이고 전부이며 옳다고 여기는 거죠. 다른 사람은 나와 다르게 볼 수 있다는 걸 생각하지 못하는 겁니다.

그런데 이런 현상이 전조작기 아이들에게만 나타날까요? 사실 어른인 우리도 종종 경험하는 일입니다. 자신이 서 있는 입장에 따라 각자 다른 생각을 할 수 있다는 걸 종종 잊어버리니까요. 살아온 환경과 경험이 다르기에 같은 상황에서도 우리는 다른 관점을 가질 수 있습니다. 생각의 차이는 '이상한 일'이 아니라 너무나 '자연스러운 일'이니까요. 그런데 이성적으로는 이렇게 생각하더라도 현실에서는 어떨까요? 진영 씨처럼 '네 생각을 내가 다 안다'며 남의 마음을 함부로 짚었던 경험, 종종 있지 않았나요?

눈치 보는 습관에서 벗어나기

어린아이 때는 지금 이 순간이 전부라고 생각합니다. 그러나 조금씩 인지능력이 발달하면서 다음에 무슨 일이 생길지 알게 되지요. 밀가루 감촉에만 집중하다가 밀가루를 쏟으면 야단맞는다는 걸 알게 됩니다. 밀가루로 맛있는 쿠키를 굽는다는 사실도 알게 되지요. 밀가루를 지나치게 먹으면 건강에 좋지 않다는 것도 배웁니다. 밀가루를 대체할 수 있는 음식이 있다는 것도 깨닫습니다. 그런데 밀가루 촉감에만 사로잡혀 있으면 어떻게 될까요? 더 좋은 게 있다는 걸 알지 못하고, 다른 선택을 할 수 있다는 걸 배우지 못합니다.

누군가 생각하는 범위가 좁고 유치할 때 '유아적 사고방식'에 머물러 있다는 표현을 씁니다. 이 말은 비유적인 표현인 동시에 세 산실험의 결과가 말해주는 것처럼 실제 근거가 있는 현실적 표현이기도 합니다. 우리가 타인의 생각을 '일부' 추측하는 일은 가능하지만, '모두' 아는 건 불가능합니다. 설령 그 사람의 입장에 서본다고 해도 그 사람이 어떤 환경에서 어떻게 반응하면서 살아왔는지, 어떤 경로로 현재의 사고방식이 형성되었는지 모르지요.

그렇기에 아무리 눈치를 많이 보고 마음을 헤아려본다고 해도 다른 사람의 생각을 읽는 일은 '추측'일 뿐입니다. 있는 그대로 보려고 노력하는 거지, 정확하게 안다고 말하기는 어려운 일이지요. 우리는 기본적으로 자아중심성에서 벗어나기 어려우니까요.

물론, 자신을 중심으로 생각하는 게 잘못은 아닙니다. 생각의 중심을 잡고, 스스로 판단하고 결정하기 위해 반드시 필요하지요. 문제는 '내가 생각하는 모든 것이 옳다'고 믿을 때 생깁니다. '나만 옳다'고 생각하는 건 자동적 사고이지요. 내가 언제나 가장 잘 알고 있고, 내 생각이 항상 옳다고 생각하는 건 '자동반응'에 휘둘리는 것에 불과합니다. 내가 옳을 때가 있으면 틀릴 때도 있다는 걸 인정하고, 입장이 다르면 다르게 생각할 수 있다는 걸 받아들이는 게 자동반응을 멈추는 일이지요. 타인의 마음을 잘 안다고 생각한다면, 한 번쯤 자신에게 이렇게 물어보면 어떨까요?

"사실은 내가 타인의 눈치를 너무 많이 보고 있는 건 아닐까?"

진영 씨에게도 같은 질문을 던졌습니다. 남이 어떻게 할 건지를 아는 것보다 내가 어떻게 하고 싶은지를 아는 게 훨씬 더 중요한 일이니까요.

"다른 사람은 그렇다 치고, 진영 씨는 어떻게 하고 싶어요?"

"…저요?"

"네. 직장에서 동료들과 어떻게 지내고 싶은지, 상사와 면담에서 뭘 말하고 싶은지, 남자친구와 오해를 어떻게 풀 건지, 진영 씨의 생각이 더 중요하죠."

하지만 진영 씨는 자기 생각을 말하는 걸 어려워했습니다. 타인의 생각에만 초점을 맞춰왔을 뿐, 자기가 원하는 게 무엇인지 진지하게 생각해본 적이 없었으니까요. 이 질문은 진영 씨가 자동반응을 멈추고 왜 이렇게까지 남의 생각을 찾는 데 '자동화'되어 있는지 탐색하는 계기가 되었습니다.

진영 씨의 어머니는 변덕스러운 사람이었습니다. 무섭게 화를 내다가도 어느 순간 다정하게 대했지요. 어린 진영이 하루를 잘 보내려면 엄마의 기분을 살피는 게 가장 중요했습니다. 엄마가 하는 말이 꼭 말 그대로를 뜻하는 것이 아님을 알게 되었지요. 말로는 "나가서 놀라"고 했지만, 그 말은 '엄마 옆에 있어'라는 의도를 숨기고 있을 때가 많았으니까요. 엄마의 눈치를 보던 진영 씨는 친구들의 눈치를 보며 자신의 자리를 찾았고, 어른이 되어서도 같은 패턴을 반복했습니다. 정답이 없는 문제에 정답을 찾느라 애를 써왔던 것이지요.

"내 삶에는 남만 있었지, 내가 없었네요."

진영 씨는 자신이 무엇을 반복해왔는지 알고 난 후 뜨거운 눈물을 흘렸습니다. 애를 쓰면 쓸수록 초조해지고 화가 났던 이유도 알게 되었습니다. 내 생각을 중요하게 여기지 못한 채 살아왔기에 늘 속이 텅 빈 것 같다고 했습니다. 다른 사람들이 무엇을 좋아하는지 는 알면서 정작 자신이 무엇을 좋아하는지는 알지 못했지요. 허기 진 마음을 채우기 위해 더욱더 남에게 의존했다는 사실도 인정했 습니다. 남의 생각을 알아차림으로써 그들에게 관심을 기울인다고 생각했지만, 사실은 그 마음을 알 수가 없어 전전긍긍해왔다는 것 도요. 내 안에 남의 껍데기만 잔뜩 있었을 뿐, 진짜 '나'는 없었던 겁 니다.

과거에 형성된 습관은 살아가는 데 도움이 되었기에 만들어진 것입니다. 진영 씨가 생존을 위해 발전시켜온 '눈치'가 도움이 될 때 도 분명히 있었겠지요. 그러나 살아오는 동안 필요한 일이었다 하 더라도 조절할 필요가 있습니다. 나도 모르게 눈치를 보던 습관에 서 벗어나 진정으로 타인에게 관심을 기울이는 법을 배워야 하는 때가 온 거지요. 함부로 남의 생각을 짚어내는 습관 대신 타인의 생 각을 듣는 태도도 길러야 했습니다.

궁극적으로는 자신을 존중하는 습관을 하나둘 만들어가는 시 간이 필요했습니다. 자신을 소중하게 대하지 않는 사람이 남을 소 중하게 대하기는 어려우니까요. 진영 씨는 지금 남의 눈치를 덜 보 는 대신 자신의 마음에 귀 기울이는 연습을 하고 있습니다. 남의 생 각을 맞추려는 습관이 슬그머니 생겨날 때면 스스로에게 이렇게 묻 습니다.

"그래서 내가 원하는 게 뭐지?"

남의 마음이 궁금해지는 순간이야말로 자신의 마음을 알아줘야 할 때입니다. 타인의 생각을 알아맞히고 싶어지는 순간이야말로 자신의 생각을 정리해야 할 때이지요.

다른 사람을 배려하고 싶나요? 그렇다면 먼저 자신을 친절하게 대해주세요. 타인에게 좋은 사람이 되고 싶나요? 그렇다면 먼저 자신에게 좋은 사람이 되어주세요. 우리는 자신을 이해하는 만큼 남을 이해할 수 있고, 자신을 존중하는 만큼 타인을 존중할 수 있습니다. 자신에게 좋은 사람이 될 때, 타인에게도 좋은 사람이 될 수 있습니다.

생각 탐색 글쓰기 5

○ 내가 생각하는 게 사실이 아님을 알게 된 적이 있나요?

~~~~~~

~~~~~~

~~~~~~

~~~~~~

~~~~~~

~~~~~~

○ 다른 사람과 의견 대립이 생길 때 어떤 태도를 보이나요?

~~~~~~

~~~~~~

~~~~~~

~~~~~~

~~~~~~

~~~~~~

생각의 성장은

소통에서 시작된다

　심리학 이론 중에 '조하리의 창The Johari Window'이 있습니다. 심리학자인 조지프 루프트Joseph Luft와 해리 잉햄Harry Ingham이 개발한 것으로 두 사람의 이름 앞 글자를 따서 '조하리Joe+Harry=Johari의 창'이라고 이름 붙였지요. 의사소통의 심리 구조를 네 가지 영역으로 나눈 이 이론은 인간관계에서 생기는 갈등을 분석할 때 쓰이곤 합니다. 어떻게 하면 원만한 의사소통을 할 수 있을지 협력과 공존을 모색할 때 도움이 되는 모델이지요.

열린 창 (Open) 나도 알고 남도 안다	보이지 않는 창 (Blind) 나는 모르지만 남은 안다
숨겨진 창 (Hidden) 나는 알지만 남은 모른다	미지의 창 (Unknown) 나도 모르고 남도 모른다

조하리의 창

이것을 우리 자신을 이해하는 데 유용한 도구로 써볼 수 있습니다. 그림에서 보는 것처럼 조하리의 창은 '열린 창', '보이지 않는 창', '숨겨진 창', '미지의 창' 네 가지 영역으로 나뉩니다. 열린 창은 '개방 영역'으로 '나도 알고 남도 아는 나'에 대한 것입니다. 자신과 타인이 이미 알고 있는 사실을 바탕으로 소통하기에 갈등이 생길 만한 여지가 거의 없지요. 자기 개방도 적절하고 타인도 나를 편안하게 수용합니다.

보이지 않는 창은 '맹점 영역'으로 '나는 모르지만 남은 아는 나'에 대한 것입니다. 자기 뒤통수를 잘 보지 못하는 것처럼 때로는 내가 미처 인지하지 못하고 있는 일면을 타인이 정확하게 말해줄 때가 있습니다. 개인 상담에서도 다루지만 특히 집단상담을 하다 보면 이 부분이 두드러지게 드러날 때가 많습니다. 듣기에 껄끄럽거나 낯선 말도 있지만 자신에게 도움이 되는 피드백을 잘 수용하면 심리적으로 큰 성장을 이룰 수 있지요.

숨겨진 창은 '비밀 영역'으로 '나는 알지만 남은 모르는 나'에 대한 것입니다. 과거에 힘든 일을 겪었거나 숨기고 싶은 일이 있으면 쉽게 털어놓기가 어렵지요. 상담실에 찾아오는 이유가 이 영역과 관련된 일일 때가 많습니다. 마음에 꽁꽁 감춰두었던 이야기를 풀어내며 자기 개방을 연습하는데, 이런 과정을 통해 오래된 감정이 풀리면서 자신감을 회복합니다.

마지막으로 미지의 창은 '무의식의 영역'으로 '나도 모르고 남도 모르는 나'에 대한 것입니다. 의식의 수면 위로 떠오르지 못한 과거의 모든 경험이 잠들어 있는 곳으로 콤플렉스가 자리 잡고 있는 영역이기도 합니다. 서로 모르다 보니 수많은 갈등이 빚어지는 곳입니다. 모르는 채로 서로의 콤플렉스를 자극하는 셈이지요.

습관적인 생각에서 벗어나는 세 가지 방법

생각의 주인으로 살기 위해선 '의식의 영역'을 넓혀야 합니다. 자동 사고가 작동하는 곳은 무의식의 영역입니다. 무의식을 직접적으로 다루는 건 불가능합니다. 의식의 영역, 그중에서도 열린 창 영역을 확장하는 게 더 좋은 방법입니다. 그렇다면 열린 창 영역을 넓히려면 어떻게 해야 할까요?

첫 번째, 오른쪽으로 확장하는 방법이 있습니다. 이는 '보이지 않는 창'의 영역, 즉 '나는 모르지만 남은 아는 부분'을 줄이는 것입니다. 내 생각이 어떤지 알고 싶다면 타인에게 피드백을 들어야 하는데 이걸 힘들어하는 분이 많습니다. 피드백을 비난이라고 생각하기 때문일 겁니다. 그러나 객관적인 피드백과 주관적인 비난은 다른 것입니다. 피드백은 상대를 위해 기꺼이 해주는 것으로, 공정한 피드백은 생각을 성장시킵니다. 무엇을 보완하고 개선해야 할지 파악하는 시간을 줄여주지요.

사실, 생각에 대한 피드백을 적극적으로 듣기란 여간 어려운 일이 아닙니다. 들을 기회가 없는 경우도 있습니다. 제가 했던 방법은 워크숍이나 집단상담에 참여하거나, 친구들과 허심탄회하게 이야기를 나누는 거였습니다. 누군가의 이야기를 들을 준비가 되어 있다면 기회는 얼마든지 만날 수 있습니다. 귀를 닫고 내 생각에 갇혀 있지만 않다면 말입니다.

두 번째, 아래쪽으로 확장하는 방법이 있습니다. 이는 '숨겨진 창'의 영역을 줄이는 것입니다. 이 영역을 줄이려면 적극적으로 자기 개방을 하는 게 좋습니다. 자기 생각을 적극적으로 표현하는 거지요. 자기 생각을 자기 목소리로 말하는 것은 당당하게 삶을 살아가는 데 필수사항입니다. 틀려도 괜찮다는 생각으로 자신의 생각과 감정을 그때그때 풀어내는 것만으로도 도움이 됩니다.

세 번째, 책을 읽고 글을 쓰는 것입니다. 독서는 생각을 깊고 풍부하게 하는 데 최고의 방법입니다. 사람들과 '직접적인 소통'이 어려운 경우 책을 읽으며 저자의 생각을 들어보길 권합니다. 특히 글쓰기는 생각을 정리하는 데 도움이 됩니다. 길게 써야 한다는 압박감을 느끼지 않아도 됩니다. 서너 줄 정도로 짧아도 괜찮으니 오늘 있었던 일이나 사람들을 만나면서 들었던 생각을 글로 정리하는 습관을 가져보세요. 책에서 읽었던 문장을 옮겨 적어도 좋습니다. 정돈된 문장이 아니어도 괜찮습니다. 무엇이든 꾸준히 글로 쓰다 보면 나에 대해 더 잘 알게 되기에 생각을 조리 있게 표현하는 능력이 향상되는 건 덤입니다.

습관적인 생각에서 벗어나고 싶거나 부정적인 생각에 덜 휘둘리고 싶다면 타인의 생각을 듣고 내 생각을 표현하며 '적극적으로 소통'해야 합니다. 듣고 말하고 읽고 쓰는 행위는 생각을 확장하는 훌륭한 방법입니다. 자기만의 생각을 일방적으로 강요하거나 혼자만의 관점에 사로잡힌 상태에서 의식의 영역을 확장하기는 어렵습니다. 대화, 독서, 글쓰기 등 다양한 방법을 통해 여러 관점을 갖는 법을 배울 때 편협하고 차별적인 사고에서 벗어나 풍요롭고 다채로운 생각을 할 수 있습니다.

생각 탐색 글쓰기 ⑥

○ 가까운 사람 세 명에게 자신에 대한 피드백을 들어봅니다.

_____

_____

_____

_____

_____

○ 아무에게도 말하지 못했던 생각(비밀, 과거의 경험)이 있다면 글로 써봅니다.

_____

_____

_____

_____

_____

_____

1. 자동적 사고 알아차리기

자동적 사고는 나도 모르게 하는 생각입니다. 빠르게 스쳐 지나가기에 알아차리기 힘들 때가 많지요. 일종의 '내면의 지껄임'과 같은데 주로 부정적인 말로 드러납니다. 예를 들면 '나는 이 일을 해내지 못할 거야', '나는 할 줄 아는 게 없어', '나는 주변 사람들에게 폐만 끼칠 거야' 등과 같은 것이지요. 자동적 사고에 빠져 있다는 걸 알아차릴 때마다 "스톱!"을 외쳐주세요. 자동적 사고는 습관적으로 하는 생각일 뿐, 사실이 아니니까요.

2. 자신에게 힘이 되는 말로 바꿔보기

자동적 사고에 빠져 있음을 알아차렸다면, 다음과 같은 작업을 통해 생각의 방향을 바꿔주세요. 첫째, 자신이 반복하는 '자동적 사고'를 적습니다. 둘째, 현실에 바탕을 둔 '객관적 사실'을 씁니다. 셋째, 자신에게 힘이 되는 말을 한 문장으로 적은 후 '의도적으로 말하기'를 합니다. 자동적 사고에서 빠져나와 상황을 바꿀 수 있도록 이 과정을 반복해보세요. (작성은 49쪽 참고)

3. 핵심 신념 찾아내기

자동적 사고에 자주 휘둘리는 이유는 그것을 만들어내는 생각의 틀을 갖고 있기 때문입니다. 생각의 틀은 자신과 세상에 대한 신념으로 구성되어 있습니다. 부정적인 사고에 사로잡히는 사람들은 역기능적인 신념을 가진 경우가 많은데, 이것이 비합리적인 생각임을 깨달을 때 변화가 시작됩니다. 갈등이 생길 때마다 ① 일상에서 불쾌함을 느낀 사건 ② 그 사건에 대해 자동적으로 떠오른 생각 ③ 느낀 감정 ④ 신체감각 ⑤ 시도한 행동 ⑥ 자동적 사고를 밑받침하는 증거 ⑦ 자동적 사고를 반박하는 증거 ⑧ 자동적 사고를 만든 중간 신념 ⑨ 중간 신념을 만든 핵심 신념 순으로 적으면서 나를 괴롭히는 핵심 신념을 찾아보세요. (작성은 59쪽 참고)

4. 다른 관점으로 바라보기

같은 사건이라도 어떤 관점으로 바라보느냐에 따라 달라집니다. 예를 들어, 띄어쓰기가 되어 있지 않은 'Dreamisnowhere'이라는 문장은 어떻게 읽느냐에 따라 전혀 다른 뜻을 갖습니다. 'Dream is nowhere'로 해석하면 '꿈은 어디에도 없다'가 되지만, 'Dream is now here'로 해석하면 '꿈은 여기에 있다'가 되지요. 우리 삶도 어떤 관점으로 바라보느냐에 따라 전혀 다른 현실로 다가옵니다. 즉, 사건의 문제가 아니라 관점의 문제인 거지요. 지나치게 부정적으로 생각하는 습관이 있다면, 그 일에서 긍정적인 측면을 찾아보세요. 과도하게 긍정적으로 생각하는 습관이 있다면, 그 일에서 내가 배워야 할 점이 있는지 찾아보세요. 자동적으로 한쪽으로 쏠리는 시선을 바로잡을 때 있는 그대로 바라보는 힘을 가질 수 있습니다.

2부

나는 왜
불편한
감정에
휘둘리는가?

나를 힘들게 하는

나쁜 감정 습관에서 벗어나는 법

당신의 '감정'을 위한 카운슬러의 편지

감정은 매일 우리를 찾아오는 파도입니다.

파도타기를 잘하면 즐겁지만, 균형을 잃으면 휩쓸리게 되지요.

화를 주체하지 못하고, 우울감에 빠지고,

슬픔에 정신을 놓아버릴 수 있습니다.

감정을 온전히 느끼는 것과 속수무책으로 끌려가는 건

다른 문제입니다.

감정과 접촉하는 걸 잊으면 삶은 건조하고 팍팍해집니다.

반면 지나치게 압도당하면 합리적인 판단을 할 수 없지요.

감정을 충분히 느끼되 사로잡히지 않는 방법이 있습니다.

감정을 붙잡지 않고 놓아주는 겁니다.

우리는 슬픔을 잡고 있는 동안에만 슬픕니다.

분노를 껴안고 있는 동안에만 화가 납니다.

우리는 매일 감정을 느끼면서 살아갑니다.

바다에 파도가 치는 걸 막을 수는 없지만,

어떤 파도를 탈지는 선택할 수 있습니다.

더 나은 감정 상태에 더 오래 머물 수 있습니다.

저마다 자동반응하는

감정이 있다

몇 년 전, 무덥던 여름날 강남에 갈 일이 있었습니다. 까다로운 미팅을 앞두고 며칠 잠을 못 잔 데다 도로가 막히는 바람에 예상 시간보다 늦게 도착해서 마음이 초조했습니다. 땀을 뻘뻘 흘리면서 삼성동 코엑스 앞을 잰걸음으로 지나는데, 믿기 어려운 광경을 목격하고 말았습니다. 대형 LED 전광판에서 엄청나게 거대한 파도가 밀려들고 있었습니다. 워낙 생생해 디지털 파도라는 걸 잠시 잊을 정도였지요. 아주 짧은 순간이었지만 짭조름한 소금기가 묻어 있는 바람 냄새까지 맡은 듯한 착각도 들었습니다. 무거웠던 기분이 순식간에 가벼워졌고, 그 덕분에 미팅에서 까다로운 클라이언트의 요구 조건에 대응하면서 합당한 계약을 할 수 있었지요.

가끔 '그날의 파도'를 떠올리곤 합니다. 만약 그날 그 자리에서 파도를 보지 못했다면 어땠을까요? 더위에 지친 상태에서 회의적인 태도를 보였거나, 그런 태도를 굳이 숨길 만큼 감정 조절을 잘하지도 못했을 겁니다. 그런데 그 짧은 시간에 내 안에 변화가 생겨 감정에 좌우되지 않고 합리적으로 말할 수 있었습니다. 나중에 들은 이야기에 따르면 저의 담백한 태도가 '신뢰할 수 있는 전문가'로 보였다고 하더군요. 기분 하나에 미팅 결과가 달라졌다고 해도 과언이 아닌 경험이었습니다.

상담을 하면서 '감정'을 중요하게 다루긴 하지만, 그날의 경험이 특별한 기억으로 남은 이유는 내가 다르게 반응하기로 '선택'했기 때문입니다. 까다로운 요구는 까다로운 요구일 뿐, 그로 인해 짜증을 내거나 상대를 비난하지 않기로 결정한 것, 그리고 시종일관 담담하고 온화한 태도를 유지한 것만으로도 자신을 칭찬하기에 충분했지요.

사실 저는 수십 년 동안 스스로 감정을 잘 조절하지 못한다고 느끼며 살아왔습니다. 감정 표현을 적절하게 하지 못했고, 내면의 감정 기복이 심했으며, 과도한 애정과 무정한 냉담함 사이에서 균형감을 잡기 어려워했지요. 그런데 상담을 통해 감정을 조절하고 표현하는 방식을 바꿀 수 있음을, 모든 것은 나의 선택에 달려 있음을 알게 되었습니다. 내 안의 수많은 감정을 편안하게 수용하기 시작하고 나서야 비로소 그토록 원했던 '정서적 평온 상태'가 무엇인지 알게 되었지요. 지금도 가끔 어떤 감정은 저를 힘들게 합니다. 그러나 이제는 알고 있습니다. 그 감정 또한 파도가 치듯 지나간다는 것, 어떤 거대한 파도도 영원히 휘몰아치는 일은 없다는 것을요.

감정은 자극에 대한 반응일 뿐

지진이 자주 일어나는 곳에 집을 짓고 싶은 사람은 없을 겁니다. 집을 지을 때 지반을 다지고 토대를 튼튼히 해야 폭풍우가 몰려와도 끄떡없는 것처럼, 정서적으로 안정되면 불안에 덜 휘둘리고 부정적 사고에서 쉽게 벗어나며, 목표를 이룰 때까지 꾸준히 행동합니다. 특히 안정적이고 지속적인 관계를 맺고 싶다면 내 감정뿐만 아니라 타인의 감정을 돌보는 법을 배워야 합니다. 가장 중요한 건 자신이 어떤 상황에서 어떻게 느끼고 표현하는지 '감정 패턴'을 관찰하는 것입니다. 그래야 자신의 감정에 책임을 질 수 있으니까요.

감정은 우리의 내부에서 생기는 것으로, '자극에 대한 반응'입니다. 자극은 내 안의 생각에서 비롯될 수도 있고 물건, 사람, 장소 등 외부 환경에서 올 수도 있습니다. 이런 내적·외적 자극에 대해 내가 어떻게 느끼는지 알려주는 표식이 바로 감정입니다. 현재의 상황을 어떻게 느끼고 받아들이는지 감정이라는 '신호등'이 있기에 적절한 대응을 할 수 있는 거지요.

그런데 만약, 이 회로가 고장 나면 어떻게 될까요? 슬픈 상황에서 화가 나거나, 미안한 상황에서 슬퍼지거나, 고마운 상황에서 부끄러움을 느낀다면 말입니다. 적절하게 표현하지 못해 상대에게 오해를 사는 일이 많아질 겁니다. 남들과 다르게 반응하는 일로 인해 부정적인 피드백을 받는 일이 늘어날수록 자신을 탓하게 되고 자존감이 떨어지는 악순환을 경험하겠지요.

과도하게 표출하거나 지나치게 축소하는 것 또한 감정을 드러내는 습관일 수 있습니다. 상황이 통제되지 않을 때 물건을 던지며 소리를 지르거나, 자기 말을 듣지 않는다고 격렬하게 화를 내는 이유도 감정을 폭발적으로 표현해왔기 때문이지요. 반대로 자극에 대해 반응이 낮거나 자극 자체를 피해 다니는 사람도 있습니다. 자신은 격렬한 감정을 싫어할 뿐이라고 생각하지만, 이 또한 오랫동안 반복해온 패턴이지요. 이 두 가지 반응은 겉으로 보기엔 극과 극처럼 다르게 보일 수도 있습니다. 그러나 내가 내 감정의 주인이 아니라 감정이 나의 주인 노릇을 하는 데도 알아차리지 못하고 있다는 점에서는 같습니다.

또한 감정은 섬세한 통로를 갖고 있어서 제각각 다르게 표현되는데, 이 통로가 분화되지 못한 경우 여러 감정을 한 가지로만 표현하기도 합니다. 예를 들면, 꽤 많은 사람이 슬퍼도, 화가 나도, 우울해도, 귀찮아도 짜증을 냅니다. 수많은 감정이 짜증이라는 깔때기를 향해 가는 셈인데, '불편한 자극'을 짜증으로 '반응하는 습관'이 생긴 것이지요.

이런 방식이 간편하게 보일지도 모르지만, 감정을 분화해서 느끼는 일은 아주 중요합니다. 감정을 정확하게 느끼는 일은 내 마음 상태를 잘 이해하는 일입니다. 화가 났는지, 슬픈지, 불안한지, 우울한지 상태를 알아야 대응도 할 수 있으니까요. 감정을 분화해서 느끼려면 각각의 감정마다 이름을 붙여보는 게 도움이 됩니다. 한 교실에 20명의 아이가 있다고 상상해보세요. 담임선생님이 학생들의 이름을 몰라서 누구를 호명하든 "야, 너!"라고 한다면 어떨까요? 겨우 구분해서 부르는 게 "반장", "부반장"이라면요? 담임선생님이 우리에게 관심을 기울인다고 생각하는 학생은 없을 겁니다. 내 안의 감정을 구분하지 못한다는 건 이렇듯 자신이 무엇을 어떻게 느끼는지 관심이 없다는 뜻입니다.

감정에 이름을 붙이는 작업을 하다 보면 내 안에 이렇게 많은 감정이 있었냐며 놀라는 분이 많습니다. 인간의 기본 감정인 1차 감정 외에도 2차 감정, 3차 감정까지 있다는 사실을 아시나요? 기본 감정이라고 하면 가장 먼저 '희로애락'을 떠올릴 겁니다. 여기에서 파생된 감정들이 무려 100여 가지가 넘습니다.

여러분은 자신의 감정을 몇 개의 단어로 표현하시나요? 감정에 이름을 붙여보면서 하나씩 발견하는 즐거움을 누려보세요. 하루에 어떤 감정을 주로 느끼는지 관찰해보세요. 감정 스펙트럼이 넓어질수록 삶의 풍요로움도 커질 테니까요.

감정을 조절하는 두 가지 방법

정서적으로 불안정한 사람은 자신의 감정에 책임을 지지 않으려고 합니다. 내 감정과 상대의 감정을 구분하지 못하고, 누군가 대신 책임져주길 바라거나 타인에게 함부로 던져버리지요. 반면, 정서적으로 안정된 사람은 기꺼이 자신의 감정에 책임을 집니다. 외부 자극과 상관없이 주체적으로 반응을 '선택'하지요. 습관적 반응 대신 더 나은 반응을 선택하는 겁니다. 예를 들어 화가 날 때마다 방문을 쾅쾅 닫고 물건을 집어 던졌다면, 늘 하던 반응을 멈추고 화가 났다고 말로 표현해보는 식입니다.

불편한 감정을 느끼지 않으려고 회피하면 당장은 편할지 모르지만, 장기적으로는 심리적 균형을 깨트리는 일이 됩니다. 억울함을 겪고도 항의할 줄 모르고, 부당함을 당하고도 침묵하면서 살아가고 싶은 사람은 없겠지요. 오히려 부정적 감정을 잘 다루는 법을 배우면 살아가는 동안 크게 힘이 됩니다. 다루기 힘든 감정에 휘둘리지 않고 조절하는 능력이 나에게 있다는 걸 확신하면 엄청난 자신감이 생깁니다. 어떤 사람을 만나도 주눅 들지 않고, 갈등이 생겨도 해결할 수 있다는 배짱이 커지지요. 어떤 감정을 느끼더라도 상황에 따라 그때그때 적절하게 표현하기에 일상에서 크게 문제가 될 일이 없습니다. 문제는 감정 자체에서 오는 게 아니라 감정을 '적절하게 조절하는 능력'이 부족할 때 생기니까요. 감정을 조절하는 데 도움이 되는 연습 두 가지를 소개해드립니다.

첫 번째는 호흡에 집중하는 것입니다. 분노, 슬픔, 우울 등 나를 힘들게 하는 감정을 느끼면 속으로 천천히 열을 세면서 호흡을 느껴봅니다. 안정된 감정 상태일 땐 숨이 고릅니다. 그러나 불안정한 감정 상태일 땐 숨이 가쁘고 얕고 불규칙해집니다. 이 원리를 거꾸로 적용해서 호흡을 깊고 편하게 하면 정서적으로 안정을 되찾을 수 있습니다. 숨이 안정적으로 변할 때까지 천천히 들숨과 날숨을 내쉬면서 하나, 둘, 셋… 숫자에 집중하다 보면, 신체의 변화가 느껴지는 순간이 옵니다. 평소 꾸준히 연습하면 감정에 쉽게 휘둘리는 일이 확연히 줄어듭니다.

두 번째는 신체감각을 느끼는 것입니다. 몸 어디에서 열기가 느껴지는지, 손바닥이 축축한지, 혀가 바짝 마르는지, 눈이 뻑뻑한지 주의를 기울여 느껴봅니다. 특히 부정적인 감정을 느낄 때 신체감각에 집중하면 감정이 증폭되는 걸 막아줍니다. 부정적인 감정은 부정적인 사고를 확장시켜 하지 말아야 할 행동을 하게 만들기도 하지요. 신체감각에 집중하며 있는 그대로 관찰하는 힘을 기르면 충동적으로 행동하는 일을 줄일 수 있습니다. 이 연습은 호흡과 함께 집중하면 효과가 훨씬 더 커집니다.

편안한 감정에 오래 머무르고 싶다고 불편한 감정을 마음에서 삭제하거나 치워버릴 수는 없습니다. 흔히 긍정적인 감정과 부정적인 감정으로 구분하지만, 좋은 감정과 나쁜 감정이 있다기보다

'필요한 감정'이 있는 것입니다. 우리 안에는 수많은 감정이 있고, 그 감정들은 모두 정당합니다. 내 안의 모든 감정은 그 자체로 소중한 것이니까요.

감정 돌봄 글쓰기 ①

○ 최근 2주 동안 반복적으로 자주 느낀 감정은 무엇인가요?

_____

_____

_____

_____

○ 주문한 음식이 잘못 나왔을 때, 전철이나 버스를 놓쳤을 때,
  물건을 잃어버렸을 때, 약속 장소를 착각했을 때 등 일상에서
  당황스러운 일을 경험할 때 자동적으로 느껴지는 감정은 무
  엇인가요?

_____

_____

_____

_____

우리는 모두

_____

_____

_____

불안을 품고 살아간다

직장인 3년 차인 지혜 씨는 최근 불안감에 사로잡히는 일이 늘었습니다. 다니는 회사에서 인정받으며 일 잘하는 팀원으로 손꼽혔지만, 몇 달 전 중요한 프로젝트 수주에 실패하고 말았습니다. 팀장도 팀원들도 지혜 씨를 위로했지만, 어떤 말도 귀에 들어오지 않았습니다. 자신만만했던 만큼 정신적인 충격이 컸기에 팀장과 팀원들의 눈치를 보는 일도 많아졌습니다. 팀장이 밥을 먹으러 가자는 말에도 태평하게 밥이나 먹으러 가는 사람으로 보일까 봐 쭈뼛거리며 피했고, 보고서를 다시 해오라는 말에 심장이 쿵 내려앉는 듯했습니다. 팀장이 자신을 흘깃 바라보기만 해도 얼굴에서 열이 나고 등에서 땀이 솟았습니다. 게다가 엎친 데 덮친 격으로 승진에서 누락

되는 일이 생기자 더 이상 회사에 다닐 수 없다는 생각에 사로잡혔습니다. 아침에 출근하는 일마저 힘들어졌지요.

이직을 할까 고민했지만, 이 회사에 들어오고 싶어서 몇 개월 동안 노력했던 일을 생각하면 쉽게 그만둘 수 없었습니다. 그러다 출근길에 숨을 제대로 쉬지 못하는 경험을 했습니다. 하필이면 버스가 터널을 지나는 중이라 내리지도 못한 채 고통을 고스란히 참아야 했지요.

"또 실패할까 봐 무서워요. 사실은 내가 일을 잘 못하는 사람이 아닐까? 이 일과 안 맞는 게 아닐까? 머리로는 알아요. 알긴 아는데…"

지혜 씨의 말대로 우리도 머리로는 알고 있습니다. 마음속 불안이 현실과 다르다는 걸요. 그래도 불안에 압도되는 일을 멈추기 어려울 때가 있습니다. 때로는 어미 새가 알을 품듯 불안을 소중히 끌어안기도 합니다. 불안을 부화시키고, 작은 불안에 먹이를 주며 돌보다가 속수무책인 채로 불안에 잡아먹히기도 하지요.

불안은 정체를 알 수 없는 '막연한' 무언가에 대해 느끼는 감정입니다. 그 자체로는 자연스러운 현상이고 생존을 위해 꼭 필요한 감정이지요. 다가오는 미지의 생명체에게 아무 불안도 느끼지 않았다면 인류는 지금과 같은 진화를 이루지 못했을 겁니다. 상대를 위협할 날카로운 발톱도 없고, 하늘을 날 수 있는 날개도 없고, 빨리 달릴 수 있는 다리도 갖지 못한 인간이 문명이라는 눈부신 성취를 이룰 수 있었던 이유는 불안에 민감한 뇌 구조를 갖고 있었기 때문일 겁니다. 불안은 생존과 번영의 원동력이라고도 볼 수 있지요.

문제는 불안을 느낄 때가 아니라 불안을 잘 다루지 못할 때 생깁니다. 불안에 짓눌리고 압도당한 상태일 때는 자신에게 이롭지 못한 선택을 자신도 모르게 '반복'하지요. <불안은 영혼을 잠식한다>는 영화 제목처럼 불안에 잠식당해 허우적거리다가 삶의 밑바닥으로 조금씩 가라앉습니다. 불안이 인간 존재의 필수 불가결한 요소인 건 사실이지만, 과도하게 키울 경우 일상생활이 불가능해질 만큼 힘들어집니다. '공황장애'라는 말을 들어본 적 있으신가요? 최근 몇 년 동안 예능프로그램에서도 자주 언급될 만큼 유명해진(?) 용어지요. 심리상담과 관련된 콘텐츠를 자주 봤다면 분리불안, 광장공포증, 선택적함구증이라는 말도 종종 들어봤을 겁니다. 공황장애를 비롯하여 이 모든 것들이 대표적인 불안장애입니다.

일의 마감을 앞두고 있을 때, 시험을 치러야 할 때, 면접을 봐야 할 때 느끼는 압박감도 불안의 한 형태입니다. 잘하고 싶은 마음이 강할수록 불안이 커지고, 불안은 또 다른 불안을 불러오지요. 불안장애 중에서도 다양한 상황에서 만성적으로 불안을 느끼거나 과도하게 걱정하는 경우를 '일반화된 불안장애' 또는 '범汎불안장애'라고 합니다. 잔걱정이 많고 과민하게 긴장된 상태에서 짜증과 화를 잘 내며 쉽게 피로감을 느끼지요. 매사 불필요한 걱정에 시달리기 때문에 현실적인 일을 결정하고 처리하는 데 어려움을 겪습니다.

그러나 단순히 걱정이 많다고 범불안장애인 건 아닙니다. 범불안장애의 핵심은 다양한 상황에서 과도한 불안을 느끼며 '통제가 어려운 걱정'에 시달리는 것입니다. 다음 체크리스트를 한번 살펴볼까요?

| 불안장애 자가진단 체크리스트 |

☐ 다양한 사건이나 일, 학업 등에 대해 과도하게 걱정이 들고 불안하다.

☐ 걱정을 통제하기 어렵다.

☐ 안절부절못하거나 긴장되거나 가장자리에 선 듯 아슬아슬한 느낌이 든다.

☐ 쉽게 피로해진다.

☐ 주의를 집중하는 데 어려움을 느끼고 자주 멍해진다.

☐ 화가 잘 난다.

☐ 근육이 잘 긴장된다.

☐ 잠을 자기 어렵고 자주 깬다.

☐ 특정한 이유 없이 막연히 불안하다.

☐ 사회적·직업적 또는 다른 중요한 영역의 활동에 심각한 장애를 겪고 있다.

이런 증상이 세 개 이상 나타나고, 3~6개월 이상 지속되고 있다면 병원이나 상담센터를 찾아 전문가의 도움을 받는 것이 좋습니다. 불안에 멱살 잡힌 채 끌려가지 않도록 말입니다.

불안을 마주 봐야 하는 이유

우리는 저마다의 불안을 안고 살아갑니다. 불안 중에서도 가장 근원적이고 본질적인 것은 '죽음에 대한 불안'입니다. 그 어떤 사람도 생로병사라는 굴레를 벗어날 수 없지요. 살아간다는 건 죽어간다는 말과 같습니다. 철학자 마르틴 하이데거Martin Heidegger의 표현을 빌리지만 "죽음을 향해 행진"하는 것이지요.

죽음과 소멸에 대한 무의식적 불안도 있지만, 의식적이고 현실적인 불안도 있습니다. 취직을 못 할까 봐, 해고당할까 봐, 사랑하는 사람과 헤어질까 봐, 불시에 사고를 당할까 봐, 사기를 당할까 봐, 집을 못 살까 봐, 병에 걸릴까 봐 등 수많은 이유로 우리는 불안해합니다. 마치 우리가 살아가는 일 자체가 불안이 아닐까 싶을 만큼 '불안 목록'은 끝이 보이지 않을 정도로 깁니다. 그렇기에 불안을 제대로 마주 봐야 합니다. 불안을 느끼지 않으려고 '무의식적으로 회피'하는 사람은 자신이 불안을 느끼고 있다는 것조차 알지 못합니다. 불안을 피하기 위해 습관적으로 해오던 생각, 감정, 행동을 자동적으로 반복하지요.

최근 이유 없이 초조해진 적이 있나요? 짜증이 나고, 잠을 이루지 못하거나, 세상 살기가 힘들다고 느꼈나요? 가까운 사람들조차 먼 타인처럼 느껴지던가요? 그렇다면 이때야말로 불안을 마주 볼 때입니다. 불안을 크게 느끼는 이유에 대해 심리학자 게리 에머리 Gary Emery와 제임스 캠벨James Campbell은 이런 말을 했습니다.

"위험 요소는 과대평가하고, 그것을 해결할 수 있는 능력은 과소평가하면 불안에 빠진다. 불안은 무언가 나쁜 일이 벌어진다는 가정에서 출발할 때 생긴다."

불안을 낮추려면 무엇을 위험 요소라고 느끼는지 대상을 알아야 합니다. 현실적 근거가 있는 불안인지 심리적 취약성으로 인한 불안인지 구분해야 하지요. 상담에서 과거를 탐색하는 이유는 내가 언제 어느 때 어떤 부분에서 쉽게 취약해지는지, 즉 나의 내면이 어떤 취약성에 뿌리를 두고 있는지 이해하기 위해서입니다. 현재 불안한 이유가 현실적으로 합당한 경우도 있지만, 어린 시절 부모와의 관계, 과거의 충격적인 경험 등이 자극되어 과도하게 느끼는 경우도 있으니까요.

또 한 가지, 불안을 마주 봐야 하는 이유는 불안을 느끼는 바로 그 지점에 자신과 삶에 관한 '핵심'이 들어 있기 때문입니다. 취직을 못 할까 봐 불안을 느끼는 이유가 무엇일까요? 취직이라는 말속에 내 삶의 중요한 '무언가'가 담겨 있기 때문입니다. 그 무언가는 사람마다 다릅니다. 어떤 사람에게는 '돈'이고, 어떤 사람에게는 '사회적 관계망'이며, 또 어떤 사람에게는 '가족으로부터의 독립'이고, 어떤 사람에게는 '성취감'일 수 있습니다.

여러분은 무엇에 불안을 느끼시나요? 삶에서 중요하게 여기는 것이 무엇인가요? 이 질문은 '어디에서 스트레스를 느끼느냐'의 문제와도 이어집니다. 자신의 승진이 달린 중요한 프로젝트를 시작했다고 생각해봅시다. 이 일의 성패 여부가 나의 경력과 직결된다면, 이 일은 기회이기도 하지만 동시에 엄청난 스트레스일 겁니다. 불안이 커지는 상황 속에 놓인 것이지요. 그런데 만약 같은 일이라도 결과가 내 경력에 큰 영향을 미치지 않는다면 어떨까요? 불안도 스트레스도 그리 크진 않을 겁니다.

눈을 감아버리고 등을 돌린다고 불안이 사라지진 않습니다. 오히려 불안을 회피할 때보다 마주 볼 때 얻는 삶의 이로움이 훨씬 더 큽니다. 내가 불안해하는 것이 무엇인지 정면으로 바라볼 때 해결책이 생기고 합리적인 선택을 할 수 있으니까요.

불안에 휘둘리지 않는 법

이 글을 쓰고 있는 저도 불안을 느낍니다. 글을 끝까지 못 쓸까 봐, 책을 출간했지만 아무도 안 읽을까 봐, 책에 쓴 정보가 잘못된 걸까 봐 등 하나둘 떠오른 불안에 사로잡히면 '더 이상 글을 못 쓰게 되면 어떡하지?', '망한 작가라는 꼬리표가 붙으면 어떡하지?'에 이르기까지 불안이 증폭됩니다. 중요한 건 불안을 없애는 게 아니라 '증폭'시키지 않는 겁니다.

불안을 느끼는 건 자연스러운 일이지만 불안을 증폭시키는 건 나의 책임입니다. 그렇기에 '불안해하지 마'라는 말은 '불안을 느끼지 마'라기보다 '불안을 키우지 마'라는 의미에 가깝습니다. 불안해하지 말자고 결심하면 결심할수록 더 불안해지지 않던가요? 어쩌면 우리는 실제로 일어날지도 모르는 일에 대해 불안을 느낀다기보다 '불안에 대해 불안'해질 때가 더 많은지도 모릅니다.

불안을 키우지 않기 위해선 내가 불안해하고 있음을 '의식적으로 인정'해야 합니다. 그리고 불안을 두려워할 게 아니라 불안과 공존하며 살아가는 법을 '적극적으로' 배워야 하지요.

불안을 다루는 법을 모르면 불안에 휘둘리게 됩니다. 인생이라는 길을 가다 보면 유턴해야 할지 좌회전해야 할지 그대로 직진해야 할지 결정적인 순간을 맞이할 때가 있습니다. 그런데 중요한 선택을 할 때마다 내가 운전대를 쥐지 못하고 불안에 내어준다면, 운전면허가 없는 사람에게 운전대를 맡긴 것과 같은 셈입니다. 삶에서 중요한 선택을 할 때마다 불안의 노예가 되어 도전해야 할 때 물러서고, 맞서야 할 때 도망친다면 결국 내 삶은 후회로 가득하지 않을까요?

불안이라는 원초적인 힘을 삶의 동력으로 바꿔낼 수 있다면 어마어마한 잠재력을 발휘할 수 있습니다. 내 안의 불안을 어떻게 다루느냐에 따라 가능성을 죽이기도 하고, 가능성을 꽃피우기도 합니다. 그리고 어떤 인생이 펼쳐질지는 자신의 선택에 달려 있습니다.

그렇다면 불안을 좀 더 잘 다룰 수 있는 방법은 무엇일까요? 제 자신과 내담자들에게 적용해보며 효과가 좋았던 방법을 세 가지로 정리했는데, 여러분에게도 알려드립니다.

첫 번째는 불안이 찾아온 순간, 이름을 불러주는 겁니다. 제가 제 안의 불안에 붙여준 이름은 '베이뷔'입니다('베이비' 아니고 '베이뷔'라고 부릅니다).

"컴 온, 베이뷔. 우리 또 만났네. 찾아와줘서 고마워. 어디, 눈 좀 마주쳐볼까?"

여러분도 자신의 불안에 이름을 붙여보세요. 기발하고 재미있는 이름도 좋고 평범한 이름도 좋습니다. 내가 지금 불안하다는 걸 인정하며 이름을 불러주는 것만으로도 불안감이 낮아지는 걸 느낄 겁니다.

두 번째는 몸을 움직이는 겁니다. 마음의 불안이 높아지면 몸의 긴장감도 커집니다. 몸을 움직여서 긴장감을 풀어주는 일은 불안을 낮추는 데 도움이 됩니다. 저는 주로 산책을 하며 천천히 걷지만 밖에 나갈 수 없을 때는 스트레칭을 합니다. 자리에서 잠시 일어나 두 팔을 쭉 뻗어 올리거나 스쿼트를 하기도 하지요. 불안은 연쇄효과가 강합니다. 서로 다른 불안증이 쉽게 발생하지요. 몸을 움직이면 불안을 막기 위해 음주, 폭식, 불규칙한 수면 등 더 나쁜 행동을 불러오는 것을 예방하는 효과도 있습니다. 몸을 움직여 팽팽하게 당겨졌던 긴장감을 어느 정도 풀고 나면, 마구 울던 아이가 고른 숨소리를 내며 잠이 든 모습을 그려봅니다. 베이비가 남기고 간 메시지를 차분하게 들여다보지요. 휴식을 갖지 못해서 지쳤는지, 타인의 눈치를 과도하게 보고 있었던 건 아닌지, 성취감이 부족해서였는지, 타인과 비교하는 마음이 생겼는지, 목표가 명확하지 않아서 방향을 잡지 못해서였는지… 최근 상황에 집중하다 보면 불안해진 이유가 명료해지면서 안개가 걷힌 듯 머리가 맑아집니다.

세 번째는 조용한 곳에서 정리하는 시간을 가지는 겁니다. 해야할 일의 우선순위를 정하고 일정을 확인한 후, 지금 당장 시작할 수 있는 작은 일 한 가지를 선택하지요. 그리고 행동으로 옮깁니다. 막연함이 사라진 자리에 올바른 행동이 들어서면 신기하게도 불안이 사라지는 걸 느낍니다.

불안이 없는 것처럼 살아가는 게 용기 있는 행동은 아닙니다. 자신의 불안이 어디로 가지를 뻗고 있는지 정확하게 바라보며 잘 다루는 일이야말로 진정한 용기이며, 우리가 삶에서 반드시 해야 하는 일 중의 하나입니다.

감정 돌봄 글쓰기 ②

○ 주로 어떤 상황이나 상태에서 불안감을 느끼나요?

~~~~~~

~~~~~~

~~~~~~

~~~~~~

~~~~~~

○ 불안감을 증폭시키는 또 다른 감정은 무엇인가요?

~~~~~~

~~~~~~

~~~~~~

~~~~~~

~~~~~~

우울은 때로

가면을 쓰고 찾아온다

상담실에 오는 상당수가 '우울감'으로 힘들어합니다. 병원에서 우울증 진단을 받았거나, 살아갈 의욕이 안 생길 만큼 울적하고 무기력한 기분을 느낀다고 합니다. 우울감은 살다 보면 종종 느끼는 감정입니다. 열심히 공부했지만 성적이 안 나왔을 때, 원하던 회사에 취직을 못 했을 때, 사랑하는 사람과 이별했을 때 등 정도의 차이는 있지만 누구나 우울할 때가 있지요.

우울감이 심하다고 모두 우울증인 건 아닙니다. 우울을 단순히 '기분 저하' 정도로만 여기거나 약을 먹으면 금세 괜찮아지는 '감기' 정도로 치부하기도 하지요. 그러나 누군가에겐 감기로 끝나는 게 아니라 급성 폐렴이 되어 목숨을 앗아가는 원인이 되기도 합니다.

오랜 시간 방치하면 자살에 이를 만큼 심각한 정신적 문제를 일으킵니다. 육체적 병인으로 인한 생물학적 우울증이든, 정서적 요인으로 인한 심리적 우울증이든 시간이 정지된 듯 무기력하고 마음의 고통이 심하다면 도움을 받아야 합니다.

은조 씨는 겉으론 웃고 있지만 속으로는 울고 있는 사람이었습니다. 자신을 생각하면 어떤 색깔이 떠오르느냐고 물었더니 1초의 망설임도 없이 '블랙'이라고 대답했습니다. 자신뿐만 아니라 자신이 바라보는 세상도 자신의 미래도 온통 검은색으로 칠해져 있는 것 같다고 했지요. 높은 연봉, 남들이 부러워할 만한 전문직, 친구들 사이에서 '인싸'로 통하는 은조 씨였지만, 그녀가 바라보는 내면의 풍경은 암막 커튼을 쳐놓은 듯 캄캄하기만 했습니다. 도대체 무엇이 은조 씨의 시선을 블랙 아웃시킨 걸까요?

어린 시절 부모님이 이혼하면서 방치되었던 은조 씨를 키운 사람은 할머니였습니다. 새벽에 일어나 새벽에 잠이 들 정도로 부지런했던 할머니는 밖에서 일하는 시간이 길었기에 은조 씨는 혼자 집에 있는 날이 많았습니다. 마음속엔 외로움으로 가득 차 있었지만, 그런 모습을 드러내지 않기 위해 사람들 앞에서 까부는 행동을 하며 웃음을 유발했습니다. 외로움이 깊어지는 만큼 은조 씨는 속마음을 드러내지 않는 일에도 점점 더 익숙해졌습니다.

중학생 때 친하게 지내던 친구들로부터 따돌림을 당했을 때도 웃고 다녔다고 했습니다. 밥도 잘 먹었고 더 씩씩하게 행동했다고 했지요. 가고 싶었던 대학을 포기하고 장학금을 타기 위해 지방대에 진학했을 때도 슬퍼할 틈도 없이 대학 시절 내내 다섯 개의 아르바이트를 했습니다. 가까운 친구들조차 은조 씨를 '밝고 명랑한 성격'을 가진 사람이라고 생각했습니다. 은조 씨의 마음을 알아주던 유일한 사람은 할머니였습니다.

"가시나, 울고 싶을 땐 울어라. 그리 웃지 말고."

할머니가 은조 씨에게 자주 했던 말이라고 했습니다. 그래도 은조 씨는 웃기만 했다고 합니다. 그러다 할머니가 뇌출혈로 쓰러지셨는데 입원한 지 한 달 만에 돌아가셨습니다. 부모님과는 연락이 끊긴지 오래 되었기에 일가친척도 없는 상황에서 홀로 장례를 치렀습니다. 친구들 몇 명이 찾아왔지만 그들조차 돌아가고 나면 적막한 빈소를 지켜야 했지요. 장례식 후 회사로 복귀한 은조 씨는 평소처럼 밥도 먹고 잠도 자고 동료의 농담에 웃기도 했습니다. 그런데 석 달쯤 지난 후 증세가 나타났습니다.

"처음엔 그냥 기운이 없다고 생각했어요. 밥맛도 없고, 잠도 잘 안 오고. 매사 무기력하고 부정적인 생각만 들고. 내가 왜 사나 싶었죠. 가만히 있어도 눈물이 흐르고. 할머니한테 가고 싶다는 생각도 했어요."

이렇게 말하는 은조 씨는 더 이상 웃지 않았습니다. 자신이 우울감을 심하게 느끼고 있다는 걸 인정했지요. 겉으로 밝은 면을 보이는 사람도 '숨겨진 우울증'을 앓고 있는 경우가 종종 있습니다. 우울이 꼭 우울한 모습으로만 나타나는 건 아니니까요.

해소되지 못한 분노는 우울이 된다

신영 씨는 중환자실에서 일하는 5년 차 간호사입니다. 어제까지 사람이 누워 있던 침대가 오늘은 텅 비어 있는 걸 처음 봤을 땐 충격도 받았지만, 간호사로 일하는 이상 익숙해져야 한다고 여겼지요. 밥 먹을 시간은커녕 화장실에 갈 시간조차 없을 만큼 바빴지만, 그런대로 적응했다고 생각했습니다. 상담실에 오게 된 이유를 물어보니 몇 달 전부터 죽고 싶다는 말을 입버릇처럼 하고 사소한 일에도 짜증을 내는 일이 많아졌다고 했습니다. 그러다 갑자기 울음을 터뜨린다고요. 신영 씨에게 상담을 권한 사람은 남자친구였습니다. 왜 그런지 이유라도 알면 마음이 덜 힘들지 않겠냐면서요. 살아온 이야기를 하던 중 신영 씨가 이런 말을 했습니다.

"제 감정이 너무 하찮게 느껴져요. 누군가는 생사를 오가는데…"

"누군가는 생사를 오가고, 누군가는 큰 고통에 사로잡혀 있지요. 그렇다고 자신의 감정을 하찮게 여겨도 되는 걸까요? 신영 씨 감정은 신영 씨에겐 의미가 있을 텐데요."

자신의 감정을 하찮게 여기지 않아도 된다는 말에 자극을 받았는지 신영 씨의 눈물샘이 터졌습니다. 그리고 그동안 털어놓지 못했던 자신의 속마음을 말하기 시작했습니다. 일터에서 겪은 분노와 좌절감, 그리고 이를 삼키기만 했던 것에 대한 이야기였습니다.

신영 씨는 상황을 대부분 부정적으로 해석하곤 했습니다. 있는 그대로 감정을 느끼는 일에도 어려움을 겪고 있었지요. 신영 씨와 같은 특징을 보이는 분 중에는 '감정노동'에 시달리는 직업을 가진 분이 많습니다. 자신이 느끼는 대로 표현하지 못하거나 심지어 정반대로 표현할 때도 있지요. 신영 씨가 회피하고 있는 감정은 분노였습니다. 화를 내면 죽기라도 하는 사람처럼 억누르고 있었지요. 신영 씨 안에서 차곡차곡 쌓인 분노는 어떻게 되었을까요?

밖으로 분출되지 못한 분노는 사라지지 않고 자신을 향하게 됩니다. 우울이란, 외부로 향해야 할 분노가 내면으로 향할 때 생기는 감정입니다. 우울증이 무서운 이유도 자기 파괴적인 분노의 형태를 띠게 될 위험이 높기 때문이지요. 신영 씨는 최근 자살 충동을 느꼈다고 했습니다. 병원 옥상에 올라가 '여기서 뛰어내리면 어떻게 될까?'라고 생각하는 자신을 발견한 날, 옥상 바닥에 주저앉아 엉엉 울었다고 했습니다.

은조 씨나 신영 씨처럼 우울감이 심하다는 걸 어떻게 알 수 있을까요? 다음 항목에 네 개 이상 표시를 했다면 주변에 도움을 요청할 것을 권합니다. 수치심을 느끼거나 거절당할까 봐 두려워할 필요 없습니다.

| 우울증 자가진단 체크리스트 |

- ☐ 자주 슬퍼지고 이유 없이 눈물이 난다.
- ☐ 자주 불안해진다.
- ☐ 예전만큼 기쁨과 만족감을 느끼지 못할 때가 많다.
- ☐ 평소보다 짜증이 늘었거나 화를 자주 낸다.
- ☐ 결정하기가 어렵다고 느낄 때가 많다.
- ☐ 시작한 일을 끝내지 못할 때가 많다.
- ☐ 평소보다 식욕이 크게 줄었거나 늘었다.
- ☐ 평소보다 수면시간이 많이 늘었거나 줄었다.
- ☐ 죽음에 관한 생각에 빠질 때가 많다.
- ☐ 삶이 무의미하게 느껴질 때가 자주 있다.

우울증은 '우울'이라는 한 가지 감정으로만 나타나는 건 아닙니다. 감정만의 문제는 더더욱 아닙니다. 인지, 정서, 행동, 신체감각 모든 면에서 복합적인 증상으로 나타나지요. 정신과 약물치료를 병행하면서 상담을 받는 경우도 많습니다만, 약물은 증상을 낫게 만드는 효과만 있을 뿐 우울감을 유발하는 심리적 취약성까지 바꾸긴 어렵습니다. 우리가 감기에 걸려 열이 오르고 콧물이 날 때 약을 먹어서 증상을 낫게 할 수는 있지만, 감기에 잘 걸리는 몸의 체질이나 상태를 바꾸지 못하는 것과 비슷하지요.

유난히 우울감을 자주 느끼는 사람들의 가장 큰 특징은 '부정적인 사고방식'을 갖고 있다는 점입니다. 부정적인 생각에 사로잡히면 정신의 유연성이 떨어지고 상황을 비관적으로 보게 됩니다. 우울한 사람들은 특히 '자신, 타인, 미래'에 대해 부정적으로 생각하는데, 이것을 심리학에서는 '인지삼제認知三題'라고 합니다.

'나는 할 줄 아는 게 없어. 다른 사람들도 날 싫어할 거야.'

'내 주변엔 다들 형편없는 인간들밖에 없어.'

'어차피 살아봤자 달라질 게 없어. 내 미래엔 희망이 안 보여.'

혹시 여러분도 이런 생각을 하고 있나요? 만약 그렇다면 우울감으로 인해 이렇게 생각하는 건지도 모릅니다. 감정과 생각은 밀접한 연관성을 갖고 있습니다. 부정적인 감정을 느낄 때 부정적인 생각을 하게 되고, 부정적인 생각에 빠져 있을 땐 부정적인 감정을 쉽게 느끼지요. 또한 자신에 대한 기대가 지나치게 높고, 타인에 대한 인정욕구가 과도하게 많은 경우에도 쉽게 우울해집니다. 자신과 타인에 대해 적절한 기대와 욕구를 갖는 건 건강한 일이지만, 비현실적인 수준으로 바란다면 그만큼 좌절도 커지게 됩니다.

모든 사람과 잘 지내야 한다고 생각하나요? 하는 일마다 칭찬을 들어야 마땅한가요? 완벽하지 못하면 실패한 건가요? 이런 생각은 위험하고 비현실적일 뿐 아니라 편협하고 때로는 폭력적이기도 합니다. 내가 원하는 대로 남도 따라주어야 한다는 생각은 유아적인 자기중심성일 뿐입니다.

나를 좋아하는 사람이 있다면 싫어하는 사람도 있습니다. 내가 하는 일에 칭찬이 들린다면 비난도 따라올 수 있지요. 우리는 살아가는 동안 성공과 실패, 사랑과 이별, 칭찬과 비난을 수도 없이 경험합니다. 못나고 부족하고 완벽하지 않아도 나라는 존재 자체가 의미 있고 소중하다는 걸 깨닫지 못하면, 낙담과 실망 속에 스스로를 가두게 됩니다.

우울은 마음의 온도를 점점 낮게 만듭니다. 시간이 지날수록 자신과 타인과 세상에 대해 냉담해지지요. 불행하고 울적한 기분에 사로잡혀 살아갈 이유마저 찾기 어려워집니다. 유난히 우울감에 취약한 성향이라면, 내면을 탐색하는 시간을 가지며 자신을 이해하고 어떻게 바꿔나갈지 생각해야 합니다.

내 안의 우울감을 다스리는 법

우울증을 앓는 사람은 모두 제대로 살아가기 힘들까요? 그렇지 않습니다. 우리가 '위인'이라고 부르는 수많은 사람이 우울증을 앓았습니다. 대표적인 예로 제2차 세계대전을 승리로 이끌었던 영국의 총리 윈스턴 처칠Winston Churchill도 우울증에 시달렸다고 합니다. 강인한 정신력의 표상처럼 보이는 그도 깊은 우울감에서 벗어나지 못했던 것이죠. 처칠은 내면의 우울을 '블랙 독Black Dog'이라고 불렀습니다. 우울을 회피하지 않고 정확히 인식하면서 블랙 독이 자신을 물지 않도록 다루었죠.

그렇다면 우리 안의 블랙 독은 어떻게 길들일 수 있을까요?

첫 번째는 '우울하다는 사실을 받아들이기'입니다. 감정과 관련된 문제를 다룰 때 가장 중요한 건 '있는 그대로 인정'하는 일입니다. 기쁨, 설렘, 즐거움, 분노, 슬픔처럼 우울도 내 안에 있는 수많은 감정 중 하나로 수용하는 것이지요.

우울한 마음을 인정하는 것이 우울한 상태를 지속한다는 의미는 아닙니다. 우울한 상태에서 느끼는 심리적 고통에 대해서는 충분히 공감하되, 상태는 변화시켜야 합니다. 만약 계속해서 우울한 상태에 머문다면 거기에 '유용한' 측면이 있기 때문입니다. 고통스러운 우울감에 유익한 면이 있다니, 이상하게 들리나요? 여러분이 우울한 상태일 때 다른 사람이 어떻게 대해주길 바라는지 생각해봅시다. 자신에 대한 기대를 낮추고, 부담을 줄여주며, 책임이라는 압박감을 느끼지 않도록 배려받고 싶지 않던가요? 힘들 때 타인의 호의와 선의를 바라는 마음은 자연스러운 일입니다. 그런데 계속해서 자신을 '약하고 도움이 필요한 사람'으로 대해주길 바란다면 어떻게 될까요? 우울한 상태를 지속해야겠지요.

우울을 직면하는 일이 어려운 것도 바로 이런 이유 때문입니다. 자신의 취약함을 내세워 책임을 회피하기 쉬우니까요. 삶의 모든 문제를 '우울한 마음' 탓으로 돌리는 거지요. 개인심리학의 창시자 알프레드 아들러Alfred Adler는 "각각의 감정에는 목적이 있으며 우리는 그 감정의 목적을 알아야 한다"고 했습니다. 다양한 감정을 맛볼 권리가 있지만, 정말 그 감정을 원하고 있는지, 그 감정을 드러내는 것이 삶에 도움이 되는지 판단할 필요가 있다고 말입니다.

우울한 상황에서 우울한 감정을 느끼는 건 자연스러운 일입니다. 그러나 우울감이 우리 자신에게 도움이 되지 않고 부정적인 상황을 변화시키지 못한다면, '책임에 대한 자동적인 방패막이'로 우울감을 이용하는 것을 그만두어야 합니다.

두 번째는 '마음의 균형을 회복하기'입니다. 이상적인 자아에 대한 기대가 높았다면 현실적으로 낮추고, 타인에게 인정받고 싶은 욕구도 조금 내려놓습니다. 자신을 끊임없이 희생자로 만들면서 타인을 탓하기보다 자신의 삶에 책임지는 태도를 높이는 것이지요. 이 과정에서 어려움을 겪으면 전문가의 도움을 받는 것도 좋은 경험입니다.

마지막으로 세 번째는 '긍정적인 언어습관을 갖기'입니다. 언어는 생각과 감정을 표현하는 도구입니다. 긍정적으로 말하는 습관을 들이면 우울한 감정을 완화하는 데 도움이 됩니다. 자신에게 좋은 말을 들려주거나 글로 써도 좋습니다. 자동적으로 우울한 말이 나온다면 그때마다 바꿔서 말해보는 거지요. 예를 들어 다음과 같은 식으로 연습해보는 게 도움이 됩니다.

◦ "이번 일의 결과가 나빠. 잘한 게 하나도 없어. 난 열등한 사람이야."

긍정적 언어습관 → "결과가 좋지 않아도 모든 일을 못한 건 아니야. 과정에선 최선을 다했어. 일의 성공과 실패로 내 가치를 결정할 필요는 없어."

◦ "친구들이 나와의 약속을 어겼어. 난 아무에게도 사랑받지 못하는 사람이야."

긍정적 언어습관 → "무슨 사정이 있었을 거야. 내가 조금 부족해도 친구들은 날 좋아할 거야."

◦ "완벽하게 해야만 성공할 수 있어. 조금이라도 실수하면 전부 망치는 거야."

긍정적 언어습관 → "혼자 모든 일을 다 잘할 수는 없어. 나와 함께하는 사람들을 믿어보자."

심리학자 앨버트 엘리스Albert Ellis는 "감정 문제가 곧 인생 문제"이며, "인생에서 가장 좋은 해는 겪고 있는 문제를 내 것으로 결정한 때"라고 했습니다. 지금 우울이 내 문제라고 느끼시나요? 그렇다면 당신은 지금 인생에서 가장 좋은 해를 맞이한 것입니다.

감정 돌봄 글쓰기 ③

○ 어떤 상황에서 우울감을 느끼나요? 우울감을 자극하는 요소

　가 무엇인지 생각해보세요.

_____

_____

_____

_____

_____

○ 우울감을 느낄 때마다 내가 회피하고 싶은 것은 무엇인가요?

_____

_____

_____

_____

_____

반복되는 감정은

성격이 된다

주변 사람들을 가만히 살펴보면 감정을 표현하는 방식과 성격이 밀접한 연관성을 갖고 있음을 발견하게 됩니다. 예를 들면 '욱하는 성격'이라는 말을 듣는 사람은 갑자기 화를 내는 일이 많죠. 감정을 표현하는 방식이 어떻게 성격의 일부가 된 걸까요? 여러 가지 이유를 찾아볼 수 있겠지만 가장 큰 이유는 '반복'에 있습니다. 습관이 될 정도로 수없이 반복한 표현이 성격의 일부가 되는 것이지요.

"내 성격이 원래 이런 걸 어떡해요."

이런 말을 하는 사람도 있지만 정말 그럴까요? 원래 화가 많은 사람, 원래 까칠한 사람, 원래 온순한 사람으로 태어난 건지, 이런 성격이 형성될 수밖에 없었던 이유가 있었던 건지 성급하게 결정하기는 어렵습니다. 인간은 복잡한 존재입니다. 유전적 요소나 타고난 기질도 성격에 영향을 미치지만, 주위 환경에 어떻게 반응해 왔느냐에 따라 달라지니까요. 성격을 바꾸고 싶어서 상담에 오는 분도 많지만, 상담을 통해 성격을 바꾸는 건 사실 어려운 일입니다.

"그럼 성격을 바꾸는 게 아예 불가능한가요?"라고 묻고 싶으시지요? 불가능한 일은 아니지만 어려운 일인 건 확실합니다. 우선 본인의 의지가 아주 강해야 합니다. 그리고 오랜 시간 연습이 필요합니다. 지금까지 자신도 모르게 수천만 번(분명 이보다 더 많다고 생각합니다) 이상 반복해온 반응을 멈추고, 새로운 반응이 몸에 익을 때까지 반복해야 하니까요. 다른 사람이 된 것처럼 '완벽하게 고치기'보다 '이 정도면 괜찮다'라고 생각할 만큼 해내는 것도 엄청난 노력이 필요합니다.

솔직히 말하면 '성격을 통째로 바꾸는 일'이 가능한 일인가 하는 문제와는 별도로 과연 필요한 일인가에 대해서도 의문이 생깁니다. 그대로의 자신을 더 많이 사랑하되, 내가 원하는 일을 해내거나 사람들과의 관계에서 방해가 되는 '일부'를 변화시켜가는 것이 현실적이라고 생각하기 때문입니다.

이런 맥락에서 "원래 이렇게 태어났는데 어쩌란 말이냐?"라는 말은, 자신이 어떤 사람인지 이해하길 포기하겠다는 것이며 동시에 좋은 관계를 맺는 데 방해가 되는 게 무엇인지 알면서도 바꾸지 않겠다는 말과 같습니다.

나는 바뀌지 않으면서 남에게만 바꾸라고 요구하면 성숙한 태도라고 보기 어렵겠지요. 물론 나의 모든 모습을 타인에게 맞출 필요는 없습니다. '남의 눈치 보지 않기'와 '남과 원만하게 어울리기'는 다른 문제니까요. 우리는 사회적 존재이기에 타인과 함께 살아갑니다. 뜻하지 않게 힘든 상황에 부닥쳤을 땐 적극적으로 도움을 요청할 줄 알아야 하고, 내가 도움을 주면서 힘이 되어야 할 때도 있습니다. 이런 상호작용이 원만하지 못하면, 세상에서 내 자리를 만들어내고 꿈을 펼쳐 나가는 일에 어려움을 겪습니다.

상담실에 찾아오는 이들도 '관계의 어려움'을 겪어서 낙담한 경우가 대부분입니다. 연지 씨와 호영 씨 커플도 감정 표현 방식이 많이 달랐는데요. 차이점을 이해하려는 노력에 지쳐 '나 원래 이래'라는 태도를 유지하다 갈등이 커져 찾아온 경우였습니다.

감정을 쏟아내는 유형 vs 담아두는 유형

연지 씨는 감정을 '폭포처럼 쏟아내는 유형'이었습니다.

"화를 내도 엄청나게 내고, 슬플 땐 아이처럼 엉엉 울어요. 심할 땐 소리를 지르면서 물건도 던지고요. 저도 감정 기복이 심한 걸 알아요."

연지 씨는 어릴 때부터 마음껏 감정을 드러냈다고 했습니다. 감정 조절에 어려움을 겪다 보니 친구들이나 직장 동료들과 원만한 관계를 맺기 어려웠습니다. 연지 씨 스스로도 말한 것처럼 '감정 기복이 심한 유형'의 정서적 특징은 변덕스럽고 불안정하다는 점입니다. 감정을 담아둔 채 버티거나, 소화시키는 데 어려움을 겪기 때문에 마음이 풀릴 때까지 어떤 식으로든 표현해야 직성이 풀리지요. 친구들을 붙잡고 몇 시간씩 전화 통화를 하거나 모임에서 대화를 독점하며 하소연을 끝없이 늘어놓아 주변 사람을 힘들게 합니다.

차분히 상황을 파악하기 전에 화부터 내고 "내가 원래 이런 사람이니 네가 이해해라"라는 식으로 뒤늦게 말하기도 합니다. 화끈해서 좋다는 말을 들을 때도 있지만, 도가 지나치면 관계에서 어려움을 겪습니다. 자신의 이런 태도가 어떤 문제를 가져오는지 성찰하지 못할 경우 이들이 하는 말은 대개 이렇습니다.

"내가 화를 좀 잘 내긴 하지. 하지만 뒤끝은 없잖아. 난 솔직한 게 장점이야."

솔직한 것도 좋고 뒤끝이 없는 것도 좋습니다. 하지만 그 감당을 누가 하는지 살펴볼 필요가 있습니다. 솔직함 그 자체는 장점일 수 있지만, 솔직함을 무기로 상대의 마음에 칼을 꽂는다면 과연 그것을 어떻게 생각해야 할까요?

그런데 뭐니 뭐니 해도 이런 감정 표현으로 인해 가장 힘든 사람은 바로 본인입니다. 시시각각 감정의 롤러코스터를 타며 우울에서 분노까지 오가는 일을 반복하기 때문입니다. 어떤 일은 '그럴 수 있지'라고 지나칠 줄도 알아야 하는데 자극을 과도하게 느끼다 보니 작은 먹구름조차 거대한 폭풍처럼 다가옵니다. 연지 씨에게 감정은 '극단적으로 표현해야 하는 것'이었습니다. 세상을 살아가는 방식, 즉 '생존 방식'이었지요.

반면 호영 씨는 감정을 '호수처럼 담아두는 유형'이었습니다. 폭포처럼 쏟아붓는 것과 정반대의 방식이라고 할 수 있지요. 이런 분들은 주변에서 '좋은 사람'이라는 피드백을 듣는 경우가 많습니다. '양반이다', '인품이 좋다'는 식의 칭찬이 따라다니지요. 그런데 가족이나 친구 등 가까운 이들은 조금 다른 이야기를 합니다. 감정 표현을 잘 하지 않으니 진짜 속마음이 어떤지 모르겠다는 거지요.

"좋으면 좋다고, 싫으면 싫다고, 화가 나면 화가 난다고, 속상하면 속상하다고 말해주면 좋겠는데 말이 없어요. 일부러 싸움을 걸어도 슬그머니 피해버리고요."

연지 씨는 일부러 싸움을 걸 때도 있었다고 합니다. 얼마나 답답했으면 그렇게까지 했겠냐며 울먹였지요. 이런 일이 두 사람 사이에 자주 있었는지 호영 씨는 체념한 얼굴로 이렇게 말했습니다.

"피곤한 일인 줄 뻔히 알면서 감정 소모를 굳이 해야 하나요?"

호영 씨에게 감정을 생생하게 표현하는 일은 뜨거운 물에 손을 넣는 것과 같았습니다. 데일 것을 뻔히 아는데 굳이 손을 넣어 확인해볼 필요가 없다고 여겼지요. 화상을 입으면 치료도 해야 하고, 상처를 돌보며 나을 때까지 기다려야 합니다. 즉, 감정을 표현하는 일은 신경이 쓰이는 일이고 에너지를 소모해야 하기에 어렵다는 뜻이었지요.

호수처럼 담아두는 방식을 주로 쓰는 사람들은 '감정 회피형'인 경우가 많습니다. 자신이 어떤 감정을 느끼는지 잘 모를 만큼 감정이 촘촘하게 분화되지 못한 경우도 있지만, 예민하고 민감한 성향을 가진 분 중에 남들에게 이해받기를 일찌감치 포기하고 속으로 삭이는 경우도 있습니다. 이런 패턴이 습관으로 남은 이유는 무엇이었을까요? 이 또한 '생존'에 도움이 되는 방식이었기 때문입니다.

재미있는 점은 '폭포처럼 쏟아내는 유형'과 '호수처럼 담아두는 유형'이 커플로 많이 만난다는 겁니다. 자신에게 없는 점을 매력으로 느껴서겠지요. 정서적으로 불안한 사람은 평온한 사람을 만나기를 원하고, 무뚝뚝하거나 담담한 사람은 감정을 잘 표현하는 사람에게 끌립니다. 나의 결핍을 채워줄 사람을 은연중에 찾는 건지도 모릅니다. 그런데 시간이 흐르면 '반드시'라고 해도 좋을 만큼 상대의 '장점은 단점이 되어' 갈등의 원인이 됩니다. 상대를 향한 나의 기대가 현실적이었는가에 초점을 맞추기보다 상대의 잘못만 단죄하려 들기에 '죽을 만큼 좋던 사람이 죽일 만큼 미운 사람'으로 변하지요. 이구동성으로 이렇게 외치면서요.

"처음엔 안 그랬는데, 지금은 변했어요!"

감정 표현 방식이 서로 다른 이유

연지 씨의 어린 시절을 살펴보면 강하게 표현해야만 원하는 것을 얻었던 적이 많습니다. 섬세하게 수용받는 환경이 아니었지요. 갓난아이가 되어 한번 상상해볼까요? 배는 고프고 엉덩이도 축축해서 기분이 나쁩니다. 몸을 뒤척이며 인상을 써도 변하는 건 없습니다. 저절로 울음이 터집니다. 온몸이 발개지도록 힘을 주고 한참을 운 후에야 누군가 와서 엉덩이를 탁 때립니다.

"아우, 얘는 누굴 닮아서 이렇게 난리야."

이때 아기는 어떤 생각을 할까요? '내가 누굴 닮아서 이럴까?'라고 생각하지는 않겠지요. 감각이 분화되기 전의 아기들은 원초적인 감각, 즉 쾌(편함)-불쾌(불편함)만 기억한다고 합니다. 말은 아직 하지 못할 테니 편함과 불편함만 몸에 남을 겁니다. 그런데 다음번에도 비슷한 상황이 오면 어떻게 할까요? 몸을 뒤척이거나 작은 소리로 우는 건 도움이 안 되니 온몸을 버둥거리면서 세게 우는 방법을 쓰겠지요. 불편함을 해소하고 원하는 걸 얻는 방식을 '학습'하는 것이지요. 감정을 강하게 표현하는 방식이 무의식적인 반복을 통해 패턴으로 자리 잡게 됩니다.

이번엔 호영 씨가 감정을 어떻게 표현하면서 살아왔는지 살펴볼까요? 그는 감정을 느끼는 대로 표현했을 때보다 참고 눌렀을 때 "착하고 의젓하다"라는 말을 자주 들었습니다. 초등학생 때 담임선생님에게 가장 자주 들었던 피드백은 "말없이 진중하고 책임감이 높다"였습니다. 호영 씨 집에서 감정을 그대로 표현하는 사람은 경박하고 참을성이 없으며 덜떨어진 인간이었습니다. 자유롭게 생각을 말하는 건 버르장머리 없는 일이었지요.

자신의 감정을 드러냈을 때 혼이 나거나 손해 보는 일이 많았던 반면, 감정을 참고 드러내지 않았을 때 칭찬과 격려를 보상처럼 받았기에 호영 씨는 감정을 담아두는 일에 익숙해졌습니다. 누군가 "넌 어때?"라고 물어도 생각을 말할 뿐 감정을 표현하진 않았지요. 특히 부정적인 감정을 표현하는 일을 자동적으로 피했습니다.

각자 살아온 삶의 여정이 다른 만큼 감정을 표현하는 방식도 다를 수밖에 없습니다. 그때그때 적절하게 표현하는 사람도 있지만, 연지 씨처럼 과도하게 분출하거나 호영 씨처럼 지나치게 담아두기도 하지요. 그러나 두 사람에게는 한 가지 공통점이 있었습니다. 서로를 힘들게 하는 감정 표현 방식이 자신에게는 필요한 것이었다는 점이죠. 어떻게든 살아보려고 애썼던 생존 방식이었으니까요.

여러분은 매일 느끼는 감정을 어떻게 받아들이고 표현하고 있나요? 자신이 감정을 다루는 방식이 마음에 안 들거나 자신과 타인을 상처 주는 일이 있었나요? 나를 힘들게 하는 사람 때문에 속이 많이 상했나요? 그렇다 하더라도 지금 이 순간만큼은 비난을 멈추고 인정해주세요. 어떤 식으로 감정을 표현해왔든, 그건 살아보려고 애쓴 흔적이라는 걸요. 나도, 그 사람도, 우리 모두 말입니다.

감정 돌봄 글쓰기 4

○ 내가 자주 쓰는 감정 표현 방식이 도움이 된 적은 언제인가요?

~~~~~~

~~~~~~

~~~~~~

~~~~~~

~~~~~~

~~~~~~

○ 내가 자주 쓰는 감정 표현 방식이 방해가 된 적은 언제인가요?

~~~~~~

~~~~~~

~~~~~~

~~~~~~

~~~~~~

~~~~~~

억눌린 감정이

우리 몸에 보내는 신호

'K-장녀', 'K-장남'이라는 말을 들어보셨나요? 한국에서 맏이로 살아가는 일을 상징적으로 보여주는 말인 듯합니다. 유교문화가 지배적인 우리나라에서 맏이가 짊어져야 하는 책임감은 상상을 초월하지요. 첫 아이는 남자든 여자든 '첫째 아이 콤플렉스'를 갖게 됩니다. 동생에게 장난감을 양보하고, 화가 나도 참고, 먹을 것을 챙겨줘야 칭찬과 지지라는 보상이 돌아왔다면 자신의 감정을 앞세우기보다 누르는 일에 익숙해졌을 겁니다.

그러나 밥을 먹고 소화를 잘 시키지 못할 경우 트림이 나거나 속이 불편하듯, 감정을 자연스럽게 수용하고 표현하지 못하면 어떤 식으로든 증세가 나타납니다. 참는다고 사라지는 감정은 없기 때문이지요. '감정의 역습'이라고나 할까요. 돌보지 못한 감정이 우리에게 신호를 보내는 것인데요. 몇 가지 간추려보면 다음과 같습니다.

| 돌보지 못한 감정이 우리에게 보내는 신호 |

- ☐ 주의력이 낮아진다.
- ☐ 기억력이 떨어진다.
- ☐ 잘못된 해석으로 오해가 쌓인다.
- ☐ 말이나 행동에 실수가 많아진다.
- ☐ 이유 없이 몸이 아프다.
- ☐ 기분이 초조하고 불안해진다.
- ☐ 불만이 많아지고 짜증이 난다.
- ☐ 불면증에 시달린다.
- ☐ 자존감이 낮아진다.
- ☐ 삶에 대해 부정적이고 비관적이 된다.

최근 이런 일을 겪은 적이 있나요? 살아가면서 그때그때 감정을 소화시키지 못해 과부하에 걸리면 아무 일도 없는데 갑자기 눈물이 쏟아지거나 참지 못하고 화를 내는 일이 잦아지기도 합니다. 멍하니 무기력해지기도 하지만 지나치게 예민해지기도 하지요. 이럴 땐 습관처럼 나이나 관계, 업무 탓을 하기 전에 혹시라도 내가 돌보지 못한 감정이 있는지 살펴보세요. 몇 년째 참고 눌러두었던 감정이 있는지, 펑펑 울면서 토해내야 하는 감정이 있는지, 비만 오면 쑤신다는 어르신들의 무릎처럼 특정한 자극에 민감하게 반응하는 감정이 있는지 말입니다.

감정이 내 몸을 아프게 할 때

평소 어떤 감정을 자주 느끼느냐에 따라 몸의 상태도 달라집니다. 몸과 마음의 관계를 알려주는 심리학 용어 중에 '신체화'라는 말이 있습니다. 신체화란 마음의 문제가 신체적 통증을 일으키는 증상을 말합니다. 머리가 아파서 병원에 갔더니 이상이 없다고 합니다. 머리가 깨질 듯 아프고 두통 때문에 일상에 지장이 생길 정도인데 병이 아니라니 답답하지요. 주변 사람들에게 '꾀병을 부린다'라는 의심을 받기도 합니다. 그러나 꾀병과 신체화는 명백히 다릅니다. 꾀병은 '아픈 척'을 하는 것일 뿐, 꾀병을 부리는 사람도 자신이 아프지 않다는 것을 잘 알고 있지요. 반면 신체화는 정말로 신체의 통증이나 이상을 느낍니다. 몸의 증상이 심리적 고통을 보여주는 겁니다.

책임감을 무겁게 지고 살아온 사람은 어깨에 통증을 자주 느낀다거나, 타인을 수용하는 폭이 좁은 사람에게 위장 장애가 있다거나, 관계에 어려움을 겪을 때 관절에 문제가 생기는 등 의학적으로 설명할 수 없는 일들도 심리적인 눈으로 보면 연관관계가 보이기도 합니다. 그렇다고 손가락 마디에 통증이 느껴진다는 친구에게 "그럴 줄 알았다. 너 평소 사람들하고 관계가 안 좋잖아"라고 선무당이 사람 잡는 식의 말을 하면 안 되겠지요. 다만, 몸과 마음이 밀접한 연관성을 맺고 있다는 점을 이해하고 넘어가면 좋겠습니다.

감정은 억누르거나 회피한다고 해서 사라지는 게 아닙니다. 의식에서 거부당한 감정이 무의식에 차곡차곡 쌓여 있다가 시간이 지난 후 '신체화'로 드러나는 경우도 많습니다. 예를 들어 '화병'은 그때그때 화를 풀지 못하고 쌓여서 생긴 병이지요. 신체화 증상을 겪는 사람들은 감정에 휘둘리는 괴로움에, 신체의 고통과 이해받지 못하는 고통까지 더해지며 삼중고를 겪습니다. 이럴 때는 억압한 감정을 말로 풀어내는 것이 치료에 도움이 됩니다. 감정의 정당성을 수용하고 언어로 표현함으로써 몸의 통증으로 나타나는 걸 막을 수 있게 되는 거지요. 이 또한 자동반응을 멈추고 새로운 선택을 하는 일입니다.

몸과 감정의 관계 관찰하기

'감정을 소화시킨다'라는 말을 들어보셨나요? 저도 자주 쓰는 말인데 소화되지 못한 감정은 신체적 증상으로 발현되기 때문에 적절한 비유가 아닌가 싶습니다.

유리 씨는 사귀던 사람에게 일방적인 이별 통보를 받았다고 했습니다. 이유를 알려달라는 유리 씨에게 그는 별다른 이유도 설명하지 않고 연락을 차단했습니다. 그리고 몇 달 후, 지인을 통해 그가 다른 여성과 결혼한다는 사실을 알게 되었습니다. 그 소식을 들은 날 유리 씨는 먹은 것을 몽땅 토해냈습니다. 그날 이후 음식을 제대로 섭취하지 못하고 먹고 토하는 일을 반복했지요. 유리 씨는 자신의 마음을 탐색하는 과정에서 평소에도 부정적인 감정을 다루는 면이 취약하다는 걸 발견했습니다.

"그와 사귈 때 기분이 크게 나빴던 적이 여러 번 있었어요."

"예를 들면 어떤 상황에서 그랬나요?"

"예약해둔 식당에 도착하기 5분 전이었는데 갑자기 못 온다고 전화한다던가, 추운 날 길에서 30분을 기다렸는데 휴대전화가 꺼져 있다던가…"

"아이고, 얼마나 화가 났을까. 화는 내셨어요?"

"아니요. 화를 내봤자 달라지는 것도 없으면서 사이만 나빠지니까 그냥 넘어갔어요."

"그럼 화가 난 유리 씨 마음은 어떻게 푸셨어요?"

"기분을 돌리려고 노력했던 거 같아요. 예능프로그램을 보거나 코미디영화를 보기도 했고요."

　유리 씨가 썼던 기분 전환 방식도 어느 정도는 도움이 될 겁니다. 그러나 감당하기 힘든 부정적 감정을 지속적으로 회피하는 건 둑에 생긴 구멍을 그냥 두고 보는 것과 같습니다. 언젠가는 한꺼번에 터질 위험을 방치하는 거니까요.

　유리 씨가 부정적인 감정을 회피하는 습관을 갖게 된 데에는 스스로를 폄하하고 낮게 평가하는 식의 부정적인 자아상을 가진 것과 연관되어 있었습니다. 감정을 표현하는 일조차 하기 힘들어할 정도로 무기력한 상태였지요. 그러나 원인이 무엇이든 간에 중요한 건 지금 상태에서 한 발 나아가는 일이었습니다. 힘들더라도 자신의 감정을 드러내고 표현해야 했지요. 유리 씨가 그동안 습관적으로 억압한 채 꽁꽁 묻어두었던 상실감, 억울함, 분노, 자책감, 수치심 등의 감정들을 '피 토하듯' 토해내자 섭식장애는 조금씩 호전되기 시작했습니다. 먹고 토하는 일을 더 이상 하지 않게 되었을 때 그녀는 자신을 위해 진심으로 눈물을 흘렸습니다. 과거의 자신을 '애틋하게' 여기는 눈물이었고, 나아지기 위해 용기를 낸 자신을 '대견하게' 여기는 눈물이었습니다. 이제야 비로소 슬픔을 슬픔으로, 분노를 분노로, 수치심을 수치심으로 소화하게 된 것이지요.

　우리는 몸과 마음을 함께 지닌 존재입니다. 우울감에 빠져 있을 땐 기본적으로 먹고 씻는 일에도 소홀해지고 일어날 힘도 없어 누워 있고 싶지만, 좋아하는 일에 도전하거나 신나는 일을 할 때면 몸의 활동량이 커집니다. 이렇게 감정이 몸에 영향을 미치는 것처럼 몸의 변화 또한 감정에 영향을 미칩니다. 체력이 떨어지면 쉽게 짜증이 나고, 살이 갑자기 찌면 우울해지기도 하지요. 몸과 마음이 상호작용을 통해 서로 영향을 미친다는 걸 이해하면 몸만 돌보거나 마음만 돌볼 게 아니라 몸과 마음을 함께 돌봐야 한다는 걸 알게 됩니다.

몸과 감정의 관계를 살펴보려면 몸이 받는 자극에 따라 감정이 어떻게 반응하는지 관찰해보는 게 도움이 됩니다. 몸이 불편하면 화가 나나요? 몸이 아프면 슬퍼지나요? 체력이 떨어지면 우울해지나요? 자연스러운 반응이지만 사람마다 보이는 '습관적 반응'은 다릅니다. 내가 감정을 참을 때 내 몸은 어떤 상태가 되는지 잘 관찰해보시길 바랍니다. 몸과 감정의 관계를 잘 알게 될수록 자신에 대한 이해도 깊어질 테니까요.

감정 돌봄 글쓰기 ⑤

○ 내가 자주 참는 감정이 있나요?

~~~~~~

~~~~~~

~~~~~~

~~~~~~

~~~~~~

~~~~~~

○ 오랫동안 감정을 참을 때 생기는 신체 증상이 있나요?

~~~~~~

~~~~~~

~~~~~~

~~~~~~

~~~~~~

~~~~~~

나를 지키고 상대를

보호하는 감정 표현법

감정을 표현하는 문제와 관련해 상담실에 오시는 분들은 크게 두 가지 입장으로 나뉩니다. 한쪽은 '표현을 해야 안다'는 입장이고 다른 한쪽은 '표현을 해야 아냐?'는 입장이지요. 결과적으로는 둘 다 맞습니다. 다만 표현을 해야 할 때가 있고 참아야 할 때가 있지요. 결국 적절함의 문제입니다.

감정에 사로잡히거나 휘둘리는 이유는 수용하지 못해서인 경우가 대부분입니다. 그렇다면 누가 수용해야 하는 것일까요? 감정의 주인, 즉 감정을 느끼는 주체가 누구인지 생각해보면 답은 자명해집니다. 내 안에서 생기고 사라지는 감정이니 '내'가 수용해야지요. 자신의 감정을 알아차리고 타인에게 전가하지 않는 것만 어느 정도 해내도 성숙한 사람이라는 평판을 듣습니다. 그만큼 감정에 책임을 지는 일이 어렵다는 뜻일 겁니다.

'감정에 책임져야 한다'는 말을 들으면 이런 질문을 하는 분들이 간혹 있습니다.

"자신의 감정을 자신이 책임지면, 굳이 다른 사람에게 표현할 필요가 없지 않나요?"

'내 감정에 책임을 진다'는 건 상대에게 함부로 화풀이하거나 상대를 비난하고 탓하는 걸 멈춘다는 의미입니다. 분노나 우울 등 부정적인 감정을 상대에게 떠넘기지 않을 뿐만 아니라 긍정적인 감정으로 여기는 사랑이나 기쁨도 강요하지 않는 것입니다. 내가 싫어하는 무언가를 상대는 덤덤하게 느낄 수도 있고, 내가 좋아하는 무언가를 상대는 싫어할 수도 있지요. 서로의 차이를 인정하기 어렵더라도 이해하기 위한 노력을 멈추지 않아야 합니다.

내 안의 어떤 감정이 느껴질 때 그 감정을 거부하지 않고 '그럴 수 있지'라고 받아들이게 되면, 타인의 감정에 대해서도 '그럴 수 있지'라는 태도를 보이게 됩니다. 감정을 수용하는 것과 감정대로 행동하는 것을 구분할 줄도 알게 되지요.

살다 보면 싫은 사람도 생기고 미운 사람도 보게 됩니다. 그런데 이 미움이 증오와 혐오로까지 번지지 않으려면 감정의 고삐를 잘 잡고 있어야 합니다. 어떤 감정을 수용한다는 건 내 안에 있음을 '인정'한다는 거지, 밖으로 터져나가게 '방치'하는 게 아니니까요.

감정 표현을 잘하기 위해 알아야 할 것들

감정을 느끼는 건 마음 '안'에서 일어나는 일이지만, 표현하는 건 마음 '밖'으로 꺼내야 하는 일입니다. 그런데 안과 밖이 꼭 일치하진 않습니다. 부글부글 화가 끓어 넘치지만 에둘러 말할 때도 있고, 실망감에 마음이 싸하게 식었는데 애써 괜찮다고 할 때도 있지요. 감정 표현은 관계 속에서 이뤄집니다. 적절하게 감정을 표현하면 관계가 좋아지지만 그렇지 못하면 갈등이 생깁니다.

사랑하는 사람들에게 상처를 덜 주는 방법은 감정적으로 공격하지 않는 것입니다. 그러기 위해서는 감정 접촉과 감정 표현 사이에 감정 조절이 필요하다는 걸 알아야 합니다. 머리끝까지 화가 난 순간, 분노를 느끼는 그대로 상대에게 표현하면 어떻게 될까요? 순간적으로는 통쾌할지 모르지만, 두고두고 후회가 남을 겁니다. 관계가 틀어질 수도 있고요.

폭포처럼 쏟아붓는 유형은 과도함을 조절해서 조금 덜 쏟아지게 해야 하고, 호수처럼 담아두는 유형은 인색함을 조절해서 조금 더 드러나게 해야 합니다. 그래서 감정을 잘 조절하는 유형을 '수도꼭지'에 비유하곤 합니다. 상황에 따라 콸콸 쏟아지도록 틀 줄도 알고 인내심을 발휘해 꽉 잠글 줄도 아니까요. 그런데 수도꼭지가 고장 나면 어떻게 될까요? 폭포처럼 쏟아지기만 하거나, 가뭄이 든 것처럼 한 방울 두 방울 감질나게 떨어지겠지요.

내향적인 기질을 갖고 태어났거나, 소심한 성격이라서 남에게 감정을 잘 표현하지 못한다는 분들이 있습니다. 그렇다면 외향적이고 적극적인 사람은 감정을 잘 표현할까요? 거침없이 자기주장을 하는 분들을 보면 그런 것 같다는 생각이 들기도 하지만, 좀 더 내밀하게 들여다보면 감정을 적절하게 표현하는 것과는 거리가 있습니다. 누구나 폭포처럼 쏟아내는 일도 호수처럼 담아두는 일도 필요합니다. 그러나 매번 '이런 방식으로만' 살아가면 상황에 맞게 대처하기보다 미숙한 태도를 보이게 되지요.

감정을 잘 표현하려면 우선 내 안에서 어떤 감정이 일어나는지 알아차리고 수용한 후 타인에게 전달하기 적절한 방식으로 조절할 줄 알아야 합니다. 쉬운 듯하지만 의외로 만만치 않은 일이지요. 그래서 많은 사람이 '이놈의 감정'이 뭐냐며 상담실에 찾아오곤 하니까요.

"지금 어떤 마음이세요?"

이 질문을 던졌을 때 쉽게 대답하지 못하는 분들을 많이 보았습니다. 내 안에서 생기는 감정인데 그게 뭔지 몰라서, 내가 어떤 감정 상태인지 몰라서 미치고 환장하겠다는 분들도 계십니다. 그들에게 뭔가 큰 문제가 있기 때문일까요? 그렇지 않습니다. 사막에서 살아남으려고 애쓴 사람에게 물을 왜 그렇게 아끼느냐고 묻는다면 뭐라고 대답할까요? 물이 얼마나 귀한 건데 아끼는 게 당연한 거 아니냐고 할 겁니다. 그런데 물이 흔한 지역에서 살아온 사람이라면 샤워를 하든 마시든 물을 아껴야 한다는 생각이 상대적으로 적을 겁니다.

내가 자라온 환경에 따라 다른 표현 방식을 가질 수는 있지만, 그 것이 내가 살아가는 데 도움이 되지 않는다면 과감하게 바꿔야 합니다. 감정을 풍부하게 느끼고 적절하게 표현하는 일은 내가 어떻게 하느냐에 따라 확연히 달라질 수 있습니다. 내향적이고 민감한 기질을 타고난 사람이라고 해서 소극적이어야 할 이유는 없습니다. 감정을 과도하게 표현해왔다면 조금 절제하는 멋도 배우는 게 좋겠지요. 감정을 표현하는 방식에 따라 관계의 질은 달라지고, 관계의 질이 달라지면 삶의 질이 달라지니까요.

관계의 질이 달라지는 감정 표현법

감정 표현이 서투르다는 이유로 자신을 감정이 부족한 사람이라고 생각하는 분들을 종종 만납니다. 그러나 타고난 기질이나 후천적 환경과 상관없이 감정을 적절하게 표현하는 법을 배울 수 있습니다. 지나치게 감정적으로 표현해서 상대에게 상처를 주는 일이 많다는 분들도 마찬가지입니다. 학습과 반복을 통해 좋은 감정 표현 습관을 만들 수 있지요.

감정 표현을 적절하게 잘하는 데 가장 도움이 되는 방법은 '나 전달법I-message'입니다. 이 방법은 주어를 '나'로 하여 말하는 게 핵심입니다. '나 전달법'이 도움이 되는 이유는 상대를 평가하거나 비난하는 데 초점을 두지 않고, 나의 감정과 욕구를 표현하는 데 중점을 두기 때문입니다. "너 때문이야!"라는 말은 상대의 말과 행동을 평가하는 걸 넘어 존재까지 비난할 위험을 담고 있습니다. 그렇기에 이것만은 꼭 기억했으면 합니다. 속상하고 화가 나는 건 상대의 행동이나 말 때문이지 존재 그 자체가 이유는 아니라는 걸요. 이런 점에서 상대를 공격하지 않는 '나 전달법'은 관계를 지켜주는 울타리 같은 역할을 합니다. 나를 지키고 상대를 보호하는 대화법인 셈이지요.

'나 전달법'으로 감정을 표현할 때는 첫 번째, 일어난 사건이나 상대의 행동에 대해 사실적인 정보를 먼저 말합니다. 두 번째, 그것으로 인해 내가 받은 영향을 말합니다. 세 번째, 몸에서 느껴지는 반응과 감정을 표현합니다. 네 번째, 상대에게 바라는 것을 전달합니다. 예를 들어, 약속 시간을 잘 못 지키는 친구가 연락도 없이 늦게 온 상황을 생각해봅시다. 만약 화가 났다고 "또 늦었어? 넌 항상 이런 식이야. 너 때문에 너무 화가 나"라고 표현한다면 어떻게 될까요? 친구가 '연락도 없이 늦은 상황'이 문제인 건데, 상황에 대한 지적이 아닌 존재에 대한 비난만 남게 됩니다. 이런 경우에 '나 전달법'으로 표현한다면, 다음과 같이 말할 수 있을 겁니다.

사실	"난 제 시간에 도착했어. 차가 막힐 것 같아서 일찍 출발했거든."
영향	"연락도 못 받고 기다릴 때면 네가 날 존중하지 않는다는 생각이 들어."
감정	"좋아하는 사람이 날 존중하지 않는다고 생각하면 화가 나고 슬퍼."
요청	"늦을 땐 늦는다고 미리 연락해주면 좋겠어."

중요한 건 문장을 외워서 기계처럼 말하는 게 아니라 핵심을 파악하는 일입니다. 감정이 솟구치는 상황에서 절제하며 표현하기란 쉬운 일이 아니지요. 그럼에도 감정 앞에서 성격이나 기질을 '방패'로 삼는 일은 그만두어야 합니다. 소심한 성격이거나 화를 잘 내는 성격이어서 감정을 다루는 데 서툴다는 건 표면적인 이유가 될 수는 있겠지만, 감정을 표현하지 못하는 진짜 이유가 될 수는 없으니까요. 좀 더 '세게' 말하자면 그것은 자신을 사랑하는 데 태만하고 게을렀다는 말과 같다고 생각합니다. 감정이 지닌 힘과 우리에게 미치는 영향력을 생각하면 더더욱 그렇습니다.

감정은 우리가 가진 보물입니다. 만약 평생을 꺼내 써도 전혀 줄지 않는 화수분 같은 보석 광맥을 유산으로 받았다면 어떻게 하겠습니까? 그 안에 금이 있는지, 다이아몬드가 있는지 발굴해보지도 않고 방치해둘 건가요? 아니면 적극적으로 발굴해서 남부럽지 않은 자산가가 될 건가요? 감정은 우리가 생생하게 살아 있는 존재임을 알려줍니다. 감정이 있기에 활력 넘치는 인생을 살아갈 수 있지요. 그러니 인색하게 아낄 게 아니라 필요할 때 적절하게 표현하면서 살아야 합니다.

내 안에 있는 감정을 자연스럽게 느끼세요. 화가 나면 달래주고, 낙담하면 위로해주세요. 아침 햇살 같은 기쁨과 즐거움을 자주 느끼도록 의도적으로 노력해보세요. 저녁노을 같은 슬픔과 우울도 외면하지 마세요. 타인에게 전달할 때는 선물처럼 주세요. '오다 주웠다'라는 식으로 아무렇게나 던지지 말고 되도록 친밀하게 예의를 갖춰서 주세요. 비 오는 날 우산을 나눠 쓰는 것처럼 따뜻한 말 한마디에 담은 다정한 감정은 관계를 보호하고 지켜줍니다. 감정을 소중히 여기면서 자신도 타인도 행복하게 만드는 감정 부자로 살아가세요.

○ 위로가 필요한 순간 듣고 싶은 말은 무엇인가요?

~~~~~~

~~~~~~

~~~~~~

~~~~~~

~~~~~~

○ 최근에 누군가로 인해 속상했던 일을 한 가지 떠올리고 '나 전달법'으로 표현해봅니다.

사실	
영향	
감정	
요청	

1. 내 감정에 이름 붙이기

감정은 내가 어떤 상태인지 알려주는 메신저입니다. 배가 고프면 음식을 먹고 목이 마르면 음료를 마시는 것처럼, 정서적으로 어떤 상태에 놓여 있는지 알아야 적절하게 대응도 할 수 있습니다. 막연히 기분이 좋거나 불쾌감을 느낄 때 '좋다, 나쁘다'라고 이분법적으로 나누기보다 기쁨, 즐거움, 유쾌함, 슬픔, 우울, 분노, 지루함 등 이름을 붙여보세요. 감정을 세분화해서 느낄수록 내 안의 욕구를 잘 알게 되고, 자신에게 필요한 걸 줄 수 있습니다. 감정에 이름을 붙이는 것이 나를 돌보는 일의 시작입니다.

2. 호흡으로 감정 조절하기

감정을 조절하고 싶을 때 바로 효과를 볼 수 있는 방법이 있습니다. 호흡에 집중하는 것입니다. 분노, 슬픔, 우울 등 나를 힘들게 하는 감정이 느껴지면 속으로 천천히 열을 세면서 코끝의 호흡에 집중합니다. 입은 벌리지 않고 살짝 다뭅니다. 의식적으로 호흡에 집중하며 천천히 숨을 들이마시고 내쉽니다. 들이마시고 내쉬면서 하나, 다시 들이마시고 내쉬면서 둘… 이렇게 열 번만 해도 맥박이 정상으로 돌아오고 몸의 긴장이 풀립니다. 평소 꾸준히 연습해보세요. 감정에 휘둘리는 일이 확연히 줄어듭니다.

3. 신체감각 느끼기

호흡과 더불어 감정을 조절하는 데 도움이 되는 방법은 신체감각에 주의를 기울이는 것입니다. 몸의 어느 부위에서 열기가 느껴지는지, 어깨가 뻐근한지, 손바닥이 축축한지, 혀가 바짝 마르는지, 눈이 뻑뻑한지 느껴보세요. 특히, 부정적인 감정을 느낄 때 신체감각에 집중하면 감정이 증폭되는 것을 막을 수 있습니다. 부정적인 감정은 부정적인 사고를 확장시켜 나중에 후회할 행동을 하게 만들기도 합니다. 신체감각에 집중하며 감정을 관찰하는 힘을 기르면 충동적으로 행동하는 일이 줄어듭니다. 호흡과 함께 연습하면 효과가 훨씬 더 커집니다.

4. 긍정적인 언어로 바꿔 말하기

언어는 생각과 감정을 표현하는 도구입니다. 긍정적으로 말하는 습관을 들이면 부정적인 감정을 완화하는 데 도움이 됩니다. 자신에게 좋은 말을 들려주거나 글로 써도 좋습니다. 자동으로 부정적인 말이 나온다면 긍정적인 말로 바꾸는 연습을 해보세요. 예를 들어, 시도한 일의 결과가 좋지 않을 때 "난 잘

하는 게 하나도 없어. 난 열등한 사람이야"라는 말을 평소에 해왔다면, "결과가 좋지 않아도 모든 일을 못한 건 아니야. 난 최선을 다했어. 이 일로 내 가치를 결정할 필요는 없어"라는 식으로 바꿔 말하기 바랍니다.

5. '나 전달법'으로 감정 표현하기

감정을 표현하는 게 어렵게 느껴진다면, '나 전달법'을 사용해보세요. '나'를 주어로 하는 '나 전달법'은 상대를 평가하거나 비난하는 데 초점을 두지 않고 나의 감정과 욕구를 표현하는 데 중점을 두는 방법입니다. '나 전달법'으로 감정을 표현할 때는 사실 → 영향 → 감정 → 요청 순으로 말하는 것이 좋습니다. 140쪽의 예시를 참고하여 연습해보세요.

3부

나는 왜
후회하는
행동을
반복하는가?

무의식적으로 되풀이하던

행동 패턴을 바꾸는 법

당신의 '행동'을 위한 카운슬러의 편지

나도 모르게 어떤 행동을 할 때가 있습니다.

머리에서 하는 생각과 다른 행동을 할 때도 있지요.

우리는 자신도 모르게 습관적으로 행동할 때가 있고

어떤 욕구를 채우기 위해서인지 모른 채 몸을 움직이기도 합니다.

우리가 매일 하는 행동 중에는

도움이 되는 것도 있지만 해로운 것도 있습니다.

만약 우리가 몸을 위해 좋은 음식을 먹듯,

삶을 위해 좋은 행동을 한다면 어떤 일이 생길까요?

걱정은 덜 하고 자유로움은 더 느끼면서 살아가지 않을까요?

내가 하는 행동은 내가 누구인지 알려줍니다.

내가 반복해온 행동은 내 삶의 궤적을 보여줍니다.

오늘 내가 실천한 좋은 행동 한 가지는

원하는 삶으로 가는 디딤돌 한 개와 같습니다.

자동적으로 반복하던 나쁜 습관을 멈추고

삶을 창조하는 행동을 새롭게 시작하세요.

좋은 행동이 좋은 삶을 만듭니다.

왜 나는 결심과

_____

_____

_____

다르게 행동할까?

생각만 해도 설레는 장소가 있나요? 떠올리기만 해도 입가에 미소가 머물고 기분이 좋아지는 곳이요. 저에겐 공항이 그런 장소입니다. 살면서 단 한 번도 가기 싫다고 느낀 적이 없습니다. 자주 가지 못하는 게 아쉬울 뿐이지요. 공간 자체도 좋아하지만 공항을 좋아하는 진짜 이유는 그곳이 주는 '상징성' 때문인 듯합니다. 떠남과 돌아옴이 교차하고, 설렘과 아쉬움이 공존하며, 만남과 헤어짐이 발생하는 곳이니까요. 넓은 라운지에서 다양한 사람들을 관찰하는 일도 흥미롭지만, 커다란 유리창 너머로 비행기가 혼란 없이 이착륙하는 모습을 지켜보는 일도 즐겁습니다. 긴 활주로를 달리다가 어느 순간 날아오르는 비행기의 모습은 아무리 봐도 질리지가 않아요.

수많은 방향에서 불어오는 바람 속에서도 마치 공중에 투명한 길이라도 있는 듯, 하나의 궤적을 만들며 날아가는 비행기는 우리의 행동에 대해 어떤 통찰을 건네줍니다. 만약, 관제탑의 시스템에 교란이 생기면 어떻게 될까요? 비행기가 이륙해야 할 때 이륙하지 못하고, 착륙해야 할 때 착륙하지 못한다면 상상하기 어려운 대혼란이 생기고 최악의 경우 막을 수 없는 대형 사고로 이어져 엄청난 인명 피해가 일어날 겁니다.

그런데 비행기 조종 시스템의 혼란은 '큰일'로 인지하면서 정작 우리 내부에서 생기는 혼란은 쉽게 무시하는 것 같습니다. 머리로는 이렇게 하자고 생각하면서도 엉뚱한 행동을 하고 있으니까요. 중요한 과제의 마감을 앞두고 걱정을 하면서도 모르는 척 놀러 나갑니다. 시간이 지날수록 초조해지니 불안을 피하려고 게임을 하거나 드라마를 봅니다. '이러면 안 되는데'라고 생각하지만 '될 대로 돼라'는 식으로 행동하지요.

이런 예시는 헤아릴 수 없이 많습니다. 여행을 가겠다며 계획을 세우지만 여행 자금은 마련하지 않습니다. 시험에 합격하고 싶지만 공부는 하지 않지요. 살을 빼려고 다이어트를 결심하고선 칼로리가 높은 음식을 포기하지 못합니다. 좋은 사람을 만나 행복한 연애를 하고 싶지만 나쁜 남자에게 끌리고, 호구가 되지 않겠다고 마음먹지만 친구에게 빌려준 돈을 달라고 말하지 못합니다.

왜 우리는 매번 생각과 다르게 행동할까요? 생각한 대로 행동한다면, 우리가 삶에서 겪는 문제는 상당수 줄어들 텐데 말입니다. 무너뜨리기 위해 계획을 세우는 건지, 자책하기 위해 결심을 하는 건지 알 수 없는 지경입니다. 정말 우리는 자신을 탓하기 위해 지키지도 못할 결심을 하는 걸까요? 그렇진 않을 겁니다. 스스로 한 약속을 깨고 싶은 사람은 없을 테니까요. 그런데도 번번이 마음과 다르게 행동하는 이유는 무엇일까요?

생각과 행동의 불일치가 생기는 가장 큰 이유는 '기분에 따라' 행동하는 게 '습관'이 되어 있기 때문입니다. 우리는 의지에 따라 행동한다고 생각하지만 사실은 기분에 따라 행동하는 경우가 훨씬 많습니다. 해야 하는 일을 하지 않는 이유를 너무 거창하게만 생각할 필요는 없습니다. 단지 '하고 싶은 기분이 들지 않아서'일지도 모르니까요.

기분대로 행동하지 않으려면

인간의 행동에 대한 연구는 심리학에서도 오랫동안 '인기 있는 주제'였습니다. 생각이나 감정은 눈에 보이지 않지만, 행동은 눈에 보이고, 그만큼 바꾸기 쉽다고 여겨왔지요. 저도 생각, 감정, 행동 중에 가장 먼저 변화할 수 있는 걸 선택하라면 '행동'을 꼽습니다. 눈에 보이지 않고 손으로 잡을 수도 없는 생각이나 감정은 결국 행동을 통해서 표현되기 때문이지요. 실제로 행동 습관을 바꾸면 생각과 감정 또한 달라집니다.

그런데 만약 인간의 두뇌 시스템이 '생각하는 대로, 느끼는 대로 반드시 행해야 한다'라는 절대 명제를 따른다면 어떻게 될까요? 생각과 감정, 행동의 유연함이 사라지고, 강박적이고 고지식한 상태가 되지 않을까요? 그래서 저는 이따금 생각이나 감정과 다르게 행동하는 저를 허용합니다. 속으로는 싫어하는 사람에게 상처가 되는 말을 하지 않고 참을 수 있는 이유도 생각과 다르게 행동할 수 있기 때문입니다. 감정에 휘말려 행동하지 않고, 불안한 생각에 휩쓸려 행동하지 않는 것도, 내 안에서 일어나는 자동반응과 다른 선택을 할 수 있어서입니다.

생각과 감정은 안에서 일어나는 일이고, 행동은 겉으로 드러나는 일입니다. 지나가는 사람이 나를 툭 쳤다고 기분 나빠할 수 있지만, 그로 인해 폭행을 하거나 살인을 저지르진 않습니다. 그런데 만약 자신의 기분이 나쁘다는 이유로 내키는 대로 행동하면 어떻게 될까요? 행동을 스스로 통제하지 못할 경우 우울하다는 이유로 폭식을 일삼거나, 불안하다는 이유로 타인에게 폭력을 가하기도 합니다. '그럴 만하니까 했다'라고 합리화를 하면서 말이지요.

지은 씨는 가정폭력 생존자입니다. 어렸을 때 아버지가 어머니와 동생들을 때리는 것을 무력하게 지켜봤을 뿐만 아니라 본인도

폭력을 당했습니다. 교통사고로 아버지가 죽기 전까지 지은 씨 가족은 언제 터질지 모르는 화산을 껴안고 사는 것 같았습니다.

"때리고 나면 울면서 사랑한다고, 잘못했다고 했어요. 그런데 선생님, 사랑하는데 어떻게 가족을 때려요? 그러면 절대 안 되는 거잖아요."

지은 씨는 '아빠'라는 말을 입에 담지 않았습니다. 아버지를 향한 거대한 분노 아래 신뢰와 애정을 갈구하는 어린아이가 있었지만, 어른인 지은 씨는 살아서 화해하지 못한 사람을 죽었다고 용서할 수는 없다고 했습니다. 하지만 지은 씨가 상담에 오게 된 직접적인 계기는 아버지와의 풀지 못한 관계를 해결하고 싶어서가 아니었습니다. 남자친구와 싸우고 화해하고 싸우고 이별하는 일을 반복해서 겪고 있었기 때문이었지요. 싸우고 화해하고 싸우고 이별하는 일은 어느 커플이라도 평범하게 겪는 일입니다. 그런데 지은 씨가 '이성 관계'를 유난히 힘들어했던 이유는 아빠와 반대되는 남자를 만나기 위해 고르고 고른 사람에게 매번 아빠 같은 모습을 발견하며 진저리를 쳤기 때문입니다.

"사랑하는데, 어느 순간 너무 싫고 미운 거예요. 사랑과 미움을 동시에 느낄 수도 있나요? 뭐가 뭔지 모르겠고 혼란스러워요."

지은 씨는 사랑하는 감정과 친밀해지고 싶다는 생각을 갖고 있으면서도 마음과는 다른 행동을 하곤 했습니다. 연락을 안 받고 며칠씩 잠수를 타는가 하면, 상대에게 선물을 잔뜩 안겨주고 그가 행복해할 때 헤어지자는 말을 하는 식이었지요. 알코올 의존도가 높았고, 술에 취하면 폭력적인 행동을 하곤 했습니다. '뭐가 뭔지 모르겠고 혼란스러운' 상황을 유발하는 행동을 본인 스스로 일정 부분 하고 있다는 걸 알아차리기 전까지, 지은 씨는 일곱 명의 애인을 만나 각기 다른 연애를 해온 것처럼 보였지만, 사실은 한 명을 만난 것과 같았습니다. 누구를 만나든 똑같은 연애를 되풀이하고 있었으니까요.

"사랑한다고 말하면서 폭력을 가했던 그 인간처럼, 저도 사랑하는 사람에게 그랬네요. 이젠 세상에 없는데…, 복수하고 싶었나 봐요."

쉽지 않은 과정이긴 했지만 지은 씨는 사랑하는 사람에게 건강한 방식으로 사랑을 표현하려고 노력하기 시작했습니다. 일관성 있게 행동하지 못하고 기분에 따라 변덕을 부리던 자동반응을 조금씩 멈출 수 있게 되었지요. 지은 씨가 이것을 해낼 수 있었던 건 "이것이 나에게 도움이 되는 행동인가?"라는 질문을 하면서 자신의 삶을 돌아보기 시작한 덕분이었습니다. 똑같은 행동을 하면서 삶이 바뀌기를 기대할 수는 없다는 걸 깨달았기 때문이지요.

내게 해로운 행동을 멈추는 세 가지 방법

지은 씨의 사례에서 알 수 있는 것처럼, 어떤 행동을 하지 않아서가 아니라 자신에게 전혀 도움이 되지 않는 행동을 해서 문제가 생기는 경우가 많습니다. 결심을 결실로 바꾸고 싶다면 "이것이 나에게 도움이 되는 행동인가?"를 자주 물어야 합니다. "예!"라는 대답이 나왔다면 그 행동을 지속하면 됩니다. "아니요"라는 대답이 나왔다면, 그 행동을 멈춰야겠지요. 멈추는 데 도움이 되는 세 가지 방법을 알려드립니다.

첫째, 현재 자신의 삶에서 무엇이 중요한지 글로 적어보면서 삶의 우선순위를 확고히 정합니다. 중요한 일을 할 때는 순간의 감정이나 생각에 좌우되지 않고 행동에 우선권을 주게 되지요. 다이어트를 결심했다면 '허기를 느끼거나' 뭔가 먹고 싶은 '생각이 들어도' 밤 10시에 냉장고 문을 열지 않는 것처럼요(무척 어려운 일이긴 합니다). 반면, 몰입 상태에 접어들 때는 생각과 감정과 행동이 오롯이 하나가 됩니다. 치팅 데이(식단 조절을 하는 기간 중에 자신이 먹고 싶은 음식을 먹는 날) 때 느끼는 행복감을 떠올려보세요. 탄수화물을 맛보는 황홀함, 입으로 먹을 것을 나르는 손, 다음엔 무엇을 먹을지 부지런히 돌아가는 생각, 이 모든 게 한 치의 어긋남도 없이 일체를 이루지 않던가요.

다행스러운 일은 몸에 익은 행동은 수많은 반복이 만들어낸 결과이지, 원인이 아니라는 점입니다. 다시 말하면 '원래 그렇게 생겨서'가 아닌 거지요. 특정한 성향을 어느 정도 기질로 갖고 있더라도 우리가 '결정적 존재'로 태어난 게 아니라 '가능적 존재'로 태어났다는 사실은 커다란 축복처럼 느껴집니다. 비유를 하자면, 밀가루로 태어났을지언정 반죽과 같은 상태이기에 원하는 형태로 만들어갈 수 있다고나 할까요.

둘째, 자신이 원하지 않는 행동을 할 때의 주변 조건을 관찰해봅니다. 이 또한 기록으로 남겨두면 도움이 됩니다. 예를 들어 시험을 앞두고 자주 게임을 하는 등 공부에 집중을 못 해서 고민이라면, 어떤 자극이 있을 때 쉽게 게임으로 넘어가는지 찾아보는 것입니다. 자극이 되는 요소는 수면 패턴, 음식 등 매일 루틴과 관련된 것에서 부터 습도나 온도와 같은 물리적 환경일 수도 있고, 문을 여닫는 소리, 세탁기 돌아가는 소리 등 특정한 자극과 관련한 것일 수도 있습니다. 또는 책상과 의자의 높이가 맞지 않아서 신체에 무리가 생길 때일 수도 있지요. 시험 결과를 자주 생각해서 심리적 압박감을 느낄 때 정서적으로 긴장을 풀기 위해 게임을 하는 것일 수도 있습니다. 자극은 정말로 다양하므로 방해가 되는 요인을 하나둘 제거해나가며 편안하게 집중이 되는 환경으로 조성해나가는 것도 좋은 방법입니다.

셋째, 목표로 삼고 있는 일을 이루기 위한 행동 중에서 가장 작은 일 하나를 지금 당장 하는 겁니다. 행동은 연쇄적인 특성이 있습니다. 스쿼트 한 개를 시작하면 두 개도 하게 되고 세 개도 하게 되지요. 최초의 한 개가 연쇄반응을 보이는 지렛대 역할을 하는 셈입니다. 어떤 일이든 시작하면 무슨 일이든 일어나지만, 어떤 일도 시작하지 않으면 아무 일도 생기지 않는 법입니다. 시작할 때는 작은 것일수록 좋습니다. 그러니 일단 시작해보세요. 그 작은 시작이 눈덩이가 되어 불어나는 걸 지켜보는 것도 즐거움이 될 테니까요.

우리는 특정한 자극에 습관적인 행동 반응을 보일 때가 많습니다. 불안하면 미친 듯이 약속을 잡는다거나, 우울하면 폭식을 하기도 하지요. 때로는 도움이 될 때도 있지만, 지나치면 해롭습니다. 예전엔 효과가 있었지만 유통기한이 지난 것도 모른 채 여전히 반복하는 경우도 있지요. 자신의 현재 목표를 명료하게 하고, 어떤 자극에 취약해져서 자동반응을 보이는지 아는 것만으로도 난류에 흔들리는 비행기처럼 불안정하던 행동은 방향성을 잡을 것입니다.

행동 관찰 글쓰기 ①

○ 자신에게 도움이 되지 않는데도 반복하고 있는 행동은 무엇 인가요?

~~~~~~

~~~~~~

~~~~~~

~~~~~~

○ 목표를 위한 행동 중에서 오늘 당장 시작할 수 있는 가장 작은 일은 무엇인가요?

~~~~~~

~~~~~~

~~~~~~

~~~~~~

미루는 행위를 반복하는

'진짜' 이유

오늘의 할 일을 '내일의 나'에게 미뤄본 적 있나요? 중요한 일일수록 시간을 충분히 들여서 차근차근히 하면 좋을 텐데 어찌 된 일인지 중요한 일은 매번 급한 일에 밀리지 않던가요. '어떻게든 될 거야'라고 자기합리화를 하면서 말입니다. 습관성 미루기에 익숙해져 있다면, 어제의 내가 오늘의 나에게 미룬 일을 내일의 나에게 떠넘기고 있는 셈입니다.

재희 씨는 프리랜서 그래픽 디자이너입니다. 3년간 다니던 직장을 그만두고 반년 전, 꿈에 그리던 '나만의 작업실'을 차렸다고 했습니다. 재희 씨를 만나기까지 우여곡절이 많았습니다. 상담 날짜를 세 번이나 변경하는 바람에 일정을 맞추기까지 한 달이 걸렸는데 상담 당일에도 20분이나 늦게 도착했지요. 이런 행동이 의미하는 것은 무엇일까요? 재희 씨가 상담에서 보여준 모습이 바로 상담에 올 수밖에 없었던 이유였습니다.

"사실은 제가 미루기 대마왕이에요. 마감을 겨우 지키긴 하는데 막판에 할 때가 많아요. 시간이 많든 적든 마감 직전에 몰아서 하죠. 최근에 진짜 중요한 프로젝트가 있었는데 결국 시기를 지키지 못했어요. 거래처 일정이 꼬이면서 담당자에게도 크게 민폐를 끼쳤고요…"

들으면 들을수록 상황이 심각했습니다. 작업의 퀄리티보다 일정을 지키는 게 중요하다는 약속을 몇 번이나 듣고 착수한 프로젝트였는데 가장 중요한 걸 지키지 못했으니까요. 최악의 경우 민사 소송으로 번져 손해배상을 해야 할지도 모른다고 했습니다.

프리랜서로 자리를 잡은 줄 알았지만 이번 일을 겪으며 '이놈의 미루는 습관'을 고치지 않으면 앞으로 진짜 큰일 나겠다는 불안감이 들었습니다. 물론 일을 미룰 때는 그때마다 적절한 이유가 있었습니다. 몸이 아파서, 일이 지루해서, 예상되는 결과가 마음에 안 들어서, 실력이 부족해서, 운이 나빠서, 일정을 착각해서, 시차 적응이 안 돼서, 노트북이 고장 나서, 외장하드를 잃어버려서, 피드백이 늦게 와서, 게임에 빠져서, 친구들과 놀다가 밤을 새워서, 하루 정도는 미뤄도 괜찮을 것 같아서 등 오만 가지 이유였지요. 핑계 없는 무덤

없고 이유 없는 이별이 없다고 했던가요. 미루기 대마왕에게도 이유는 있는 법이었지요.

미루는 행동이 주는 심리적 이익

재희 씨와 상담을 진행하며 재미있는 사실을 한 가지 발견했습니다. 무언가 잘하려고 하면 할수록 그 일을 미루는 확률이 높아진다는 것이었습니다. 예를 들어 상담이 그랬습니다. 이번 기회에 상담을 통해 미루기 습관의 뿌리를 뽑겠다고 스스로 다짐했음에도 늘 지각을 했습니다. 어느 날엔 요일을 바꿀 수 있냐는 문자가 왔고, 어느 날엔 시간을 바꿀 수 있냐는 카톡이 왔으며, 어느 날엔 대면 상담을 화상 상담으로 바꿀 수 있냐는 전화가 왔습니다. 정말로 다채로운 반응이었지요. 그러다 재희 씨가 상담 중에 중요한 깨달음을 발견하는 일이 생겼습니다. 무언가를 미룸으로써 '심리적 이익'을 얻는다는 사실이었지요.

"미루기가 제 발목을 잡고 있었던 게 아니라 제가 미루기를 놓지 못하고 있었던 거네요!"

과연 재희 씨가 놓지 못하고 있던 '심리적 이익'은 무엇이었을까요? 첫 번째는 '순간적인 안심'이었습니다. 해야 할 일이 생기면 우리는 긴장하게 됩니다. 긴장감은 심리적 균형을 깨트리고 불편감을 높이기에 본능적으로 해소하고 싶어지지요. 이때, 미루기를 선택하면 당장 해야 할 일을 안 해도 된다는 편안함을 되찾게 됩니다. '즉각적인 만족감'을 추구함으로써 심리적 균형감을 유지하는 것이지요. 물론 이것은 일시적인 만족일 수밖에 없기에 장기적으로는 긴장감을 계속 유지시키는 결과를 가져옵니다.

우리에게도 재희 씨의 미루기 습관처럼 반복하는 일이 하나씩은 있을 겁니다. 먹고 토하고, 카드 빚을 지고 갚으며, 극적으로 만나고 헤어지거나, 게임 앱을 깔았다 지우는 일까지 자신도 모르게 반복하는 행위가 있을 겁니다. 그런데 반드시 고쳐야 하는 해로운 행동이라고만 생각하던 일이 사실은 달콤한 이익을 주고 있었고, 그로 인해 무의식적으로 그 행동을 반복하고 있었다는 사실을 인지하면 대부분 커다란 충격을 받습니다.

통찰의 순간은 지적 깨달음과 더불어 정서적 충격을 동반합니다. 왜 그런지 이해하고 싶었던 주제가 '머리'에서 '가슴'으로 내려오는 순간이지요. 우리가 어떤 변화를 원할 때 '머리에서 가슴으로, 가슴에서 장으로' 이동해야 한다고 하는데, 이는 머리로 이해하는 것을 넘어 정서적으로 공감하고, 공감에서 그치지 않고 행동으로 이어지는 걸 말합니다. 이날의 경험은 재희 씨 본인에게도 대단히 큰 성과였습니다. 아는 데서 머물지 않고 정서적인 동요를 경험함으로써 기존에 갖고 있던 생각의 틀이 깨졌으니까요. 자동반응을 멈추고 다른 선택을 할 수 있는 기회가 온 것이지요.

두 번째로 찾은 심리적 이익은 '효능감'이었습니다. 미루기가 효능감을 느끼게 한다니 이상한가요? 밖에서 보면 이상한 일도 마음극장 안으로 들어가면 이상하지 않은 일이 됩니다. 심리적 현상은 주관적이기에 어떤 일도 '그럴 수 있는' 일입니다. 객관적이고 상식적인 시각으로는 이해할 수 없는 일도 그 사람의 내면에서는 충분히 그럴 만한 이유가 있지요.

재희 씨가 느끼던 효능감의 정체는 이런 것이었습니다.

'짧은 시간에 이걸 다 해내다니, 난 정말 대단해!'

재희 씨가 미루기를 통해 효능감을 강화해온 역사는 길었습니다. 중학교 때 '잘 노는데 성적은 좋은 애'라는 평판이 생겼는데, 이것은 어느 순간 '진짜 머리 좋은 애'로 바뀌어 있었습니다. 어른이 된 지금도 자신을 기분 좋게 하는 말은 "진짜 머리 좋다"는 말이라고 합니다. "아이디어가 좋다", "어떻게 이런 생각을 다 했냐?"는 칭찬도 "진짜 머리 좋다"는 말로 들린다고요. 그런데 재희 씨는 왜 유난히 이 말에 꽂혔을까요?

미루기와 관련해서 세 번째로 찾은 것은 '특별함'이었습니다. 재희 씨에게는 두 살 터울의 형이 있었습니다. 반듯한 외모의 성실한 모범생이던 형에 비하면 자신은 눈에 띌 만한 구석이 없었다고 합니다. 어렸을 때부터 '찬희 동생 재희'로 불리는 게 익숙했지요. 그러다 중학교 입학 후 첫 번째 중간고사에서 좋은 성적을 받았는데, 초등학교 동창들이 농담처럼 한 말로 소위 '캐릭터'가 만들어졌습니다. '성실한 형'에게 밀리던 재희 씨는 '머리 좋은 동생'이 됨으로써 자신의 지위를 획득할 수 있었습니다. 부모의 관심과 애정이라는 경쟁에서 '차별화 전략'에 성공한 것이지요. 부모님도 이런 말을 자주 했다고 하네요.

"어휴, 머리가 좋으니 노력만 좀 더 하면 얼마나 좋아."

노력하는 성실함은 형의 것이었습니다. 형과 다른 모습으로 자신을 극적으로 두드러지게 만드는 행동은 미루기였습니다. 할 일을 제때 끝내는 형과 달리 숙제를 미루고, 시험공부를 미루고, 심지어 등교 시간이나 학원 시간도 미뤘습니다. 할 일을 미루고 난 후에는 엄청난 압박감이 몰려왔습니다. 터질 것 같은 압박감은 재희 씨에게 몰입감을 높이는 추진력으로 작동했습니다. 시험 기간이면 낮 동안 게으름을 피우다가 밤새 초집중 상태로 공부했지요. 이런 행동을 반복하는 동안 자신도 '진짜 머리가 좋다'고 믿게 되었을 겁니다.

그러나 빛이 강하면 그늘도 짙어지는 법입니다. 이런 방식은 단기적 성과를 내는 데는 강하지만 장기적 성과를 내는 데는 약합니다. 이날, 재희 씨는 직장을 그만둔 이유를 솔직하게 말했습니다. 프리랜서로 독립하고 싶은 마음도 있었지만, 진짜 이유는 승진에서 누락되자 독립을 빌미로 그만둔 것이었다고요. 직장 생활 초반엔 기획회의 때마다 번뜩이는 아이디어를 내서 촉망받았지만 현실적 어려움을 묵묵히 버텨내며 성과를 쌓아가는 일엔 취약성을 보이기 시작했습니다. 삶이라는 마라톤 레이스에 필요한 체력을 기르지 못했던 겁니다.

미루기 습관을 통해 회피하고 싶었던 것들

재희 씨의 미루기 행동을 좀 더 살펴보면 '멈추고 싶지만 멈추지 못하는' 행동에 대해 많은 힌트를 발견할 수 있습니다. 미루는 행동을 재희 씨가 반복해서 해왔던 이유는 습관이 되었기 때문이지만, 스스로 자신감을 갖고 세상을 살아가는 데 어떤 식으로든 이익이 되었기 때문입니다. 도박중독이나 알코올중독처럼 자신에게 치명적인 해로움을 주는 행위도 당사자에겐 도움이 되는 측면이 있습니다. '도박중독자'이기 때문에 '알코올중독자'이기 때문에 삶에서 해야 하는 무언가에서 벗어나게 되기도 하거든요 그리고 그 무언가는 대부분 자기 삶에서 직면해야 하는 '책임'과 연관되어 있습니다. 이것은 회피하고 싶은 게 생길 때 불안을 도피처로 삼는 것과 비슷합니다. 불안해서 그것을 회피하는 게 아니라 회피하기 때문에 불안을 느끼는 것이지요.

그러나 세상에 영원한 건 없듯, 기존에 누리던 심리적 이익도 더 이상 통용되지 않는 순간이 찾아옵니다. 불안을 막기 위해 내가 자주 쓰던 무기가 더 이상 통하지 않게 되었다는 것을 깨달으면 어떻게 해야 할까요? 당연히 새로운 무기를 찾아서 손에 쥐고 익숙해질 때까지 연습해야 합니다. 기존의 방식이 더 이상 통하지 않게 되었을 때 사람들은 혼란스러워하지만, 사실 성장의 관점에서 보면 이때야말로 절호의 기회입니다.

재희 씨가 자신의 행동을 더 깊이 있게 탐색했을 때 네 번째로 찾은 것은 '완벽주의'였습니다. 재희 씨는 자신이 하는 일을 진심으로 좋아했습니다. 한 가지를 오래 하지 못했지만, 그래픽 디자인만큼은 파고 파도 재미있었습니다. 공연 포스터, 제품 패키지, 잡지 표지 등 매번 의뢰받는 일이 다른 것도 성향과 잘 맞았습니다. 좋아하는 일이었기에 잘하고자 하는 의욕도 컸고, 아주 세심하고 디테일한 부분까지 신경을 썼지요. 그런데 이번 일은 규모가 큰 장기 프로젝트였습니다. 지금까지는 어느 정도 미뤄도 치명적인 결과를 초래할 일은 없었지만, 오랫동안 끈기 있게 진행해야 하는 일에서 가리고 있던 '구멍'이 드러난 것입니다.

미루는 습관은 완벽주의 성향이 높은 사람들에게서 흔히 발견되는 특징 중 하나입니다. 이들에게 그냥 잘하는 건 칭찬이 아닙니다. '탁월하게' 잘해야 하기 때문이지요. 어떤 일을 잘하기 위해선 실수도 하고 실패도 해봐야 합니다. 그런 과정을 통해서 점점 더 잘하는 방법을 배우지요. 그런데 이들이 원하는 완벽함 속에는 과정의 완벽함과 결과의 완벽함이 공존합니다. 마치 이런 불가능한 미션을 수행하는 사람들 같지요.

"조각난 옷감으로 옷을 짓되 이음새 자국이 전혀 보이지 않도록 만들어라!"

실수해서도 안 되고 실패는 용납되지 않습니다. 연습도 없이 단번에 완성해야 합니다. 여러분이 이런 미션을 받았다면 어떻게 하겠습니까? 옷감 조각부터 모을까요? 실과 바늘을 준비할까요? 솜씨 좋은 장인을 찾을까요? 자신의 영혼을 탈탈 갈아 넣으며 수단과 방법을 가리지 않고 어떻게든 기어이 해낼 수 있는 방법을 찾을까요?

해결 방법은 이 미션 자체에 "노!"라고 말하는 것입니다. '모든 일'을 '탁월하고' '빠르게' 잘하는 사람이 될 필요는 없습니다. 완벽하지 못한 건 잘못도 아닐뿐더러 실패는 더더욱 아닙니다. 오히려 '할 수 있는 일'과 '할 수 없는 일'을 구분할 줄 아는 것이 정말 지혜로운 자세가 아닐까요.

어떤 일은 잘하지만 어떤 일은 보통이고 어떤 일은 서툴러도 된다는 걸 받아들이지 못하면, 완벽주의라는 틀에 사로잡혀 시작하기가 어려워집니다. 일정에 맞춰 일을 끝내기는커녕 막판 스퍼트를 올려도 다 끝내지 못하고 결국엔 허겁지겁 마무리하게 되지요. 자신이 원하는 방향과 정반대의 현실을 초래합니다. 정말 일을 잘하는 사람은 '여기까지'라고 한계를 설정할 줄 압니다. 자신의 능력을 믿되 과신하지 않고, 일을 하는 데 얼마만큼의 시간이 필요한지 알기 때문이지요.

마지막으로, 재희 씨 마음 가장 밑바닥에 있던 것은 '열등감'이었습니다. 즉각적인 보상, 효능감, 완벽주의를 인정했던 재희 씨도 이 열등감을 머리가 아닌 가슴으로 수용하기까지는 시간이 오래 걸렸습니다.

"나는 잘하는 게 하나도 없어. 사실은 형편없는 인간이야."

이따금 열등감이 많다며 스스로를 이렇게 말하는 사람들을 봅니다. 그러나 그들이 자신을 진정으로 이렇게 생각하고 있을까요? 누군가가 나를 보잘것없고 형편없는 사람으로 평가하는 걸 경험하느니 차라리 자신이 이런 말을 먼저 하는 게 아닐까요? 내면 깊은 곳에 똬리를 틀고 있는 '형편없는 자신'을 마주하는 게 쉬운 사람은 없을 겁니다. 차라리 미루기 대마왕이 될지언정 자신의 열등감을 직면하기는 어려운 일일 테니까요.

열등감을 인정하더라도 '그래도 이만하면 괜찮은 사람'이라고 생각하는 사람은 심리적으로 건강한 사람입니다. 부족한 점을 알기 때문에 미리 준비하고, 개선해나가지요. 그러나 심리적으로 미성숙한 사람은 자신의 좋은 점만 보려고 할 뿐, 부족한 부분에서 눈을 돌립니다. 햇빛 아래 서 있으려고 하면서 그림자는 안 보려고 하는 것과 같지요.

재희 씨가 직면해야 하는 건 자신의 부족함과 미성숙함이었습니다. 일을 미루고 미루면서 진짜 회피해왔던 건 내면의 불안과 두려움이었지요. 재희 씨가 미루기 습관을 통해 배워야 할 것도 바로 이 점이었습니다.

자신에게 중요한 일을 지속적으로 미루는 행위는 자신을 삶에서 밀어내는 것과 같습니다. 우선순위에서 자꾸 밀리는 일을 정말 중요하다고 생각할 수 있나요? 불합리해 보이는 행동을 반복하는 이유가 무엇이든, 결과적으로 자주 반복하는 건 '습관'이 됩니다.

생각, 감정, 행동 그 무엇이든 자주 반복하는 것은 자극에 대한 자동반응을 형성하고, 우리의 일부가 됩니다. 생각과 감정과 행동은 긴밀하게 상호작용을 하기에 한번 습관이 형성되면 고치기가 어렵습니다. 그러나 불가능한 일은 아닙니다. 행동은 습관이고, 습관은 반복으로 만들어집니다. 새로운 행동을 습관으로 만드는 노력을 통해 잘못된 행동은 바뀔 수 있습니다. 이는 스스로를 삶의 가장자리로 쫓아내지 않기 위해서라도 해내야 하는 일입니다. 미루기를 멈추고 중요한 할 일에 집중하는 것은 삶의 우선순위를 지키는 일이니까요.

행동 관찰 글쓰기 ②

○ 미루는 습관을 유지함으로써 내가 얻고 있던 심리적 이익은
무엇일까요?

~~~~~~

~~~~~~

~~~~~~

~~~~~~

~~~~~~

○ 미루는 습관 대신 할 수 있는 행동 중에서 가장 쉽고 작은 일
은 무엇일까요?

~~~~~~

~~~~~~

~~~~~~

~~~~~~

~~~~~~

무의식적인 행동이

말해주는 것들

혹시 나도 모르게 자주 하는 행동이 있으신가요? 손을 비빈다든가, 머리카락을 넘긴다든가, 발끝으로 땅을 툭툭 친다든가 하는 행동은 동작 이상의 것을 의미하기도 합니다. 행동은 우리가 자신에 대해 생각하는 것보다 훨씬 더 정직한 이야기를 들려줍니다. 거부감이 들 때 팔짱을 끼거나, 지루해지면 딴 데로 시선을 돌리거나, 불안할 때 다리를 떠는 행위 등 무의식적으로 하는 행동이 어떤 심리를 보여주는지 여러분도 들은 적이 있을 겁니다.

사람들의 행동을 파악해서 심리를 유추하는 일은 범죄자의 심리를 파악하는 일에서부터 소비 패턴을 예측하는 일에 이르기까지 광범위하게 적용됩니다. 하지만 어떤 행동이 반드시 특정 심리를 나타낸다고 기계적으로 연결 짓는 건 위험합니다. '거부감=팔짱'이라고 단순하게 생각해버리면 상대가 팔짱을 낄 때마다 '혹시 나를 싫어해서 저러나?'라고 오해해서 그가 하는 말과 행동을 왜곡할 수 있으니까요. 그는 추위를 느껴서 팔짱을 낄 수도 있고, 자신을 보호하고 싶어서 팔짱을 낄 수도 있으며, 말을 시작하기 전에 신체감각을 느끼면 안정감을 되찾기에 팔짱을 끼는 것일 수도 있습니다.

어떤 행위가 무슨 의미를 나타내는지 알기 위해선 그 사람의 심리적 맥락을 파악해야 합니다. 그가 어떤 삶을 살아왔는지, 그 속에서 마음이 어떻게 형성되어 왔는지 아는 일은 까다롭고 어려운 일이지요. 따라서 타인의 행동을 함부로 재단하기보다 자신을 먼저 관찰하는 게 필요합니다. 이 세상에서 나에 대해 가장 잘 아는 사람은 바로 자신이니까요.

가끔씩 하게 되는 행동과 달리, 하고 싶지 않지만 하지 않으면 참을 수 없는 행동을 '강박행동'이라고 합니다. 강박사고가 침투적인 것처럼 강박행동도 그렇습니다. 집을 나서기 전에 온 집안을 열 번씩 돌면서 가스, 전기, 수도를 차례로 확인하거나 하루에 스무 번씩 샤워를 해야 한다면 얼마나 힘들까요? 강박행동의 근원이 되는 건 '불안'입니다. 불안을 느끼지 않으려고 행동으로 대체하지만, 원하지 않는 행동을 함으로써 불안이 더욱 커지기도 하지요.

우리는 자신의 불안을 저마다의 방식으로 처리합니다. 무심코 자주 반복하는 행동이 있다면, 불안을 느낄 때인지 아닌지 한번 생각해보세요. 손톱을 씹거나 머리카락을 뽑고 눈을 깜박이는 행동을 고쳐야만 하는 나쁜 습관이라고 비난하기 전에 내가 어떤 상황에서 그런 행동을 보이는지 살펴보고 내 안의 불안을 좀 알아주면 어떨까요? 새로운 일을 시작할 때, 낯선 사람과 만날 때, 가혹한 평가를 받았을 때, 시험을 앞두고 있을 때, 마감이 다가올 때 등 불안이 자극되는 상황일 때 불안에 대한 자동반응으로 그런 행동을 하는 걸 수도 있으니까요.

반면 불안을 낮추기 위해 의식적으로 하는 행동도 있습니다. 올림픽에 출전한 선수들이 느끼는 불안과 압박감은 어느 정도일까요? 0.1초 차이로 메달리스트가 되냐 안 되냐가 갈리는 승부의 지점에서 그들은 어떻게 정신력을 유지할 수 있는 걸까요? 재능도 실력도 노력도 비슷하다고 한다면, 결정적 순간에 승패를 나누는 건 정신력일 겁니다. 연습경기 때는 잘해도 진검승부에 나서면 힘을 못 쓰는 이유도 불안한 마음에 휘둘리기 때문이겠지요.

정신력이 강한 선수들은 시합 전에 루틴을 지킨다고 합니다. 두 손을 모으고 기도를 하거나 흥분된 마음을 진정시키는 음악을 듣는 식으로요. 주변의 소란에 집중력을 빼앗기지 않고 경기장의 모습을 떠올리며 자신이 승리하는 모습을 머릿속으로 시뮬레이션하기도 하지요. 경기에서 이기기 위해 어떤 행동을 하는 게 도움이 되는지 이미 알고 있는 겁니다.

무의식적인 행동은 자동적인 반응이지만, 의식적인 행동은 적극적인 선택입니다. 그런데 사실 자신이 어떤 행동을 하는지 스스로 알아차리기는 어렵습니다. 매번 거울을 보고 확인할 수도 없는 노릇이지요. 이럴 땐 주변 사람들에게 피드백을 들어보는 게 좋습니다. 신뢰할 수 있는 사람에게 한번 물어보세요. 생각하지 못했던 말을 들어서 놀랄 수도 있지만, 자신을 이해하는 데 중요한 힌트가 들어 있을 테니까요.

원하는 것과 다른 행동을 하는 이유

자신이 어떤 행동을 하는지 의식적으로 알고 있는 사람들은 삶의 목표가 뚜렷한 경우가 많습니다. 여행을 계획한다고 생각해봅시다. 저마다 중요한 게 다를 겁니다. 어떤 사람은 '때'가 중요합니다. 언제 가능한지 날짜에 맞춰 일정을 짜겠지요. 어떤 사람에게는 '장소'나 '누구'와 가느냐가 더 중요합니다. 머물고 싶은 곳에 가기 위해서 시기를 조정하거나 함께 갈 사람과 날짜를 조율하겠지요. 또 어떤 사람에게는 '돈'이 중요할 겁니다. 예산에 맞춰 일정을 짜겠지요. 이렇게 각자 중요하게 여기는 걸 우선순위에 두고 교통수단, 숙박, 근처 맛집 등의 정보를 모으며 여행을 현실화할 겁니다.

그런데 언제 갈지, 어디로 갈지, 누구와 갈지, 어떻게 갈지 전혀 정하지 않았다가 즉흥적으로 움직이면 어떻게 될까요? 짧은 단거리 여행은 실행에 옮길 수도 있고 재미도 있겠지만, 긴 장거리 여행은 엄두를 내기 어려울 겁니다. 타야 하는 교통편을 놓치거나 숙소를 구하지 못해 어려움을 겪는 일도 많을 겁니다. 적절한 행동을 한다는 건 삶의 방향성을 지키는 일이기도 합니다. 작가가 되고 싶다면 글을 쓰고, 댄서가 되고 싶다면 춤을 배우고, 가수가 되고 싶다면 노래를 연습해야겠죠. 그런데 내가 원하는 것과 다른 행동을 하면 어떻게 될까요?

20대 때부터 커피는 항상 아메리카노만 마시는 친구가 있었습니다. 커피 메뉴가 다양해졌지만 이 친구는 늘 아메리카노를 주문했습니다. 그 누구도 이 친구가 아메리카노를 싫어할 거라곤 생각하지 않았지요. 그런데 어느 날 뜬금없이 커밍아웃을 했습니다.

"나 사실 아메리카노 싫어해."

"응? 그런데 왜 항상 그거만 먹었어?"

"제일 싸잖아. 그리고 좀 있어 보이고."

"이제야 고백하는 이유가 뭐야?"

"그냥. 20년쯤 지나니까 용기가 생기더라고. 싫은 건 싫다고 말할 용기가."

사실 그 친구는 최근 남편과 헤어질 결심을 했다고 했습니다. 언제부터인지 자신의 결혼 생활이 마치 자릿값을 내기 위해 가장 싼 음료를 주문하는 일처럼 여겨졌답니다. 그리고 더 이상 좋아하지도 않는 아메리카노를 억지로 마시는 게 억울해졌다고 했습니다. 이혼하겠다고 결심하기까지 얼마나 많은 감정의 파도와 생각의 미로를 헤집고 다녔을지, 바꿔보려고 얼마나 노력했을지 그 마음은 오직 당사자만 알겠지요.

어떤 욕구를 채우기 위해 다른 욕구를 참는 일에 대해 생각해보곤 합니다. 무려 20년 동안이나 좋아하지도 않는 아메리카노를 마셔온 한 사람의 삶에 대해서도 말입니다. 우리가 무심코 해온 행동을 어느 날 문득 깨닫게 된다면 넘겨버리지 말고 잘 관찰해보길 바랍니다. 아무 의도가 없다고 생각하면서도 몇 번이고 반복하고 있는 행동이 있다면 내가 무엇을 원하는지, 한 번쯤은 다시 생각해보길 바랍니다. 그 목마름이 지금 나를 여기까지 데려왔는지도 모르니까요.

내 행동에 담긴 욕구 파악하기

행동을 하려면 동기가 필요합니다. 그리고 행동의 동기는 대부분 욕구를 충족하기 위한 것입니다. 배가 고프면 음식을 먹고, 목이 마르면 음료를 마시지요. 햇볕이 뜨거우면 시원한 곳을 찾고, 졸리면 잠을 잡니다. 이렇듯 기본적으로 신체의 욕구를 채우기 위한 행동도 있지만 정서적 욕구를 채우기 위한 행동도 있습니다. 외로움을 느낄 때 여러분은 어떤 행동을 하나요? 친구에게 메시지를 보내나요? 드라마나 영화에 몰입하나요? 자신이 자주 하는 행동을 가만히 관찰해보세요. 행동 속에 어떤 욕구가 있는지 살펴보세요. 그것이 내 삶의 중요한 메시지일지도 모르니까요.

심리학자 애이브러햄 매슬로Abraham Maslow는 인간의 욕구를 총체적으로 파악한 후 5단계로 정리했습니다. 이후 후학들에 의해 보완된 부분도 있지만, '매슬로의 욕구 5단계 이론Maslow's Hierarchy of Needs Theory'은 여전히 시사하는 바가 큽니다. 욕구가 중요한 이유는 우리를 행동하게 하는 동기를 보여주기 때문입니다.

매슬로의 욕구 5단계 이론

1단계 '생존 욕구'는 생리적 욕구입니다. 먹고 자고 싸는 등 생명 유지와 연관되기에 가장 기본적인 욕구라고 할 수 있지요. 가장 낮은 단계이지만, 이 욕구가 채워지지 않으면 삶을 유지하기 힘들 만큼 강력하고 중요한 욕구입니다.

2단계 '안전 욕구'는 신체 및 정신의 안전을 유지하고자 하는 욕구입니다. 생존 욕구가 채워지면 안전하게 살고 싶다는 욕구가 생깁니다. 주거, 건강 등에 보이는 관심이나 코로나19 시기에 마스크를 열심히 쓰는 행동도 바로 이 욕구를 충족하기 위해서 하는 겁니다.

3단계 '소속 욕구'는 대인관계와 연관이 있습니다. 가족, 직장, 공동체 등 사람들 속에서 살아가는 사회적 동물인 인간에게 굉장히 중요한 욕구이며, 이 욕구가 충족되지 않아서 상담에 오는 경우가 많습니다.

4단계 '존중 욕구'는 타인에게 인정받고 싶어 하는 욕구입니다. 우리 안에는 스스로 가치 있는 존재가 되고 싶은 욕구가 있습니다. 존중 욕구가 제대로 채워지지 않을 경우 자존감이 떨어지고 열등감이 높아지는 등 심리적으로 불안한 상태가 됩니다.

5단계 '자아실현 욕구'는 자신답게 살아가고자 하는 욕구이며 사람마다 다르게 나타납니다. 타고난 능력과 조건, 잠재력이 다르다는 것을 인정하고 자기 삶에 책임을 지는 단계입니다. 내면의 열정을 따르며 삶의 주인으로 살아가게 됩니다.

우리 안에 다양한 욕구를 이해하면 내가 자주 하는 행동이 어느 단계에 머물러 있는지 알게 됩니다. 생존 욕구를 채우는 행동에 자동적으로 반응하거나 소속 욕구를 채우는 행동을 무의식적으로 할 수도 있지요. 이 모든 욕구는 우리가 살아가고 성장하는 데 필요한 겁니다. 그리고 우리가 하는 행동은 이 욕구를 채우기 위한 것이지요. 여러분이 현재 강하게 느끼는 욕구는 무엇인가요? 자신에게 필요한 욕구를 잘 충족시키면서 살아가고 있나요?

행동 관찰 글쓰기 ③

○ 내가 자주 반복하는 행동에 담긴 욕구는 무엇일까요?

~~~~~~

~~~~~~

~~~~~~

~~~~~~

~~~~~~

○ 매슬로의 욕구 단계 중 현재 내가 머물러 있는 단계는 어딘

가요?

~~~~~~

~~~~~~

~~~~~~

~~~~~~

~~~~~~

행동 패턴을 찾아야

해결책이 보인다

갈등을 겪는 부부나 커플을 상담하다 보면 문제의 본질이 아닌 곳에서 '고집'을 부리는 경우를 종종 봅니다. 그리고 그 고집은 '자신의 잘못을 인정하지 않는 태도'에서 나올 때가 많습니다. 경훈 씨와 윤아 씨는 결혼 1년 차 때 상담실에 찾아왔습니다. 두 사람은 소위 말하는 엄친아, 엄친딸이었습니다. 강남 8학군 출신으로 외국에서 대학을 졸업했고 남들이 부러워할 만한 직업을 가진 데다 부모님도 사회적으로 명망 있는 분들이었지요. 결혼할 때도 친구들 사이에서 선남선녀 커플로 불렸다고 합니다. 고등학교 친구 사이였던 두 사람은 각자의 연애사까지 다 알고 있었기에 서로에 대해 충분히 잘 안다고 생각했지요. 연애하는 동안 싸울 만큼 싸웠기에 더 이상 싸울 일도 없을 것 같았습니다. 그런데 결혼한 지 1년도 되지 않아 상담실에 오게 되다니, 도대체 두 사람에게 무슨 일이 있었던 걸까요?

상담을 시작한 지 20분쯤 지났을 때 결정적인 이유가 보였습니다. 두 사람은 끊임없이 서로의 '잘잘못'을 심판하고 있었습니다. 집안일에서부터 양가 부모님 일에 이르기까지 크고 작은 일에서 한 치의 양보도 없었습니다. 겉으로는 "알겠어. 네가 무슨 말을 하는지 이해했어"라고 말했지만, 그 속뜻은 "그 일은 내가 옳고 네가 틀렸어"라고 말하는 것과 같았습니다.

저는 그들의 심판 역할을 떠맡는 일이 없도록 주의를 기울이며 각자의 이야기를 들었습니다. 둘이 함께 만나는 날도 있었고, 한 명씩 따로 만나는 날도 있었습니다. 서너 회기의 상담을 이어가던 중 경훈 씨가 한숨을 푹 쉬며 이렇게 말했습니다.

"선생님, 그냥 이혼하는 게 나을까요?"

"왜 그렇게 생각하셔요?"

"사람을 자꾸 가르치려 들어요. 피곤해서 못 살겠어요. 아주 작은 정보도 인터넷에서 찾아서 바로잡으려고 들고, 한마디를 안 져요. 그러려니 하고 넘기는 것도 한두 번이지, 사람이 어떻게 매번 일부러 져줘요?"

"일부러 져주는 게 이기는 거라고 생각하시는 것 같네요."

"네. 맞아요. 져주긴 하지만 제가 옳다고 생각해요."

"경훈 씨에겐 결혼 생활이 꼭 법정 같아요."

경훈 씨가 변호사였기에 콕 집어서 말해준 것인데, 정곡을 찔려서인지 예상하지 못했던 말을 들어서인지 기세가 한풀 꺾인 듯 보였습니다. 나름대로 결혼 생활에 최선을 다하고 있었지만, 경훈 씨는 '집'이라는 사적 영역에서도 '변호사' 역할을 하고 있었던 겁니다. 자신이 무의식적으로 어떤 행동을 하는지 모른 채 말입니다. 역할에 빠져 있는 건 윤아 씨도 마찬가지였습니다. 윤아 씨는 회계사로 일하고 있었는데 잘못 기재된 숫자를 콕 짚어내는 사람처럼, 경훈 씨의 말과 행동에 대해 조목조목 짚는 일이 많았습니다.

"두 분 다 사적 영역과 공적 영역에서 역할이 달라져야 하는데 일관된 행동을 보이고 계신 것 같아요. 집에 돌아오면 변호사가 아니라 남편으로, 회계사가 아니라 아내로 만나야 하는데 줄곧 그 옷을 못 벗으셨나 봐요."

게다가 두 사람에게는 미묘한 언어습관도 붙어 있었습니다. 상대를 '부하직원' 대하듯 지시하고 평가하는 말투였습니다. 이 점을 말해주자 처음 알았다며 놀라는 눈치였지만, 귓가가 발개진 것을 보면 평소 말투를 두 사람 다 인지하고 있었던 것 같았지요.

내 행동 패턴 파악하기

우리는 행동을 할 때 일정한 패턴을 보입니다. 크게 네 가지 패턴

네 가지 행동 반응

이 있는데 특히 갈등 상황이나 낯선 상황에서 잘 드러납니다.

가장 기본적인 것은 '맞서기'와 '회피하기'입니다. 즉, '싸울 것이냐, 도망갈 것이냐'이지요. 자기주장을 해야 할 때 당당하게 나서서 입장을 밝히는 사람이 있는가 하면, 그 자리를 벗어나거나 침묵을 지키는 사람도 있습니다. 맞서거나 도망칠 생각을 못 하고 '얼어붙는' 사람도 있지요. 이것은 우열의 문제가 아니라 무의식적으로 반복하는 자동반응입니다. 살아오는 데 도움이 되었다면 생존 전략이었을 테고, 지금 이 문제로 어려움을 겪는다면 현재의 방해물일 겁니다.

가장 성숙한 방식은 '직면하기'입니다. 이는 상황을 객관적으로 파악하는 것이고, 서로의 행동에 대한 판단을 멈추는 것입니다. 사람에 대한 비난을 멈추고 문제해결에 초점을 맞추는 방식이지요. 그런데 우리는 종종 거꾸로 할 때가 많습니다. 문제를 명확하게 하고 해결하는 데 집중하는 대신 잘못의 원인을 사람에게 찾으며 탓하려고 하지요. 사람을 비난하거나 탓한다고 문제가 해결되지는 않습니다. 문제는 해결책을 찾을 때만 해결되지요.

경훈 씨와 윤아 씨는 둘 다 '맞서기' 패턴을 보이는 경우가 많았습니다. 외동으로 태어나 집안의 관심을 독차지했고, 자기주장이 뚜렷했지요. 외국에서 대학 생활을 하는 동안 자신을 어필하고 활발하게 의견을 주고받는 문화에도 익숙해져 있었습니다. 치열한 경쟁 속에서 커리어를 쌓으며 독보적인 성과를 내야 한다는 압박감도 느끼고 있었습니다. '맞서기'와 '맞서기'가 만나 한 치의 양보도 없는 결혼 생활을 했던 겁니다.

결혼 생활에서 갈등을 느낄 때 어떤 식으로 해결해왔으며, 그 행동에 어떤 패턴이 있었는지 이해하기 시작하면서부터 경훈 씨와 윤아 씨에게 화해의 조짐이 보이기 시작했습니다. 너무 똑같아서 잘 살 줄 알았는데 그 점이 패착이었다며 농담할 정도가 되었지요. 그래서 '직면하기' 방식으로 이동하기가 수월했습니다. 두 사람 모두 성찰하는 힘이 컸기에 어떤 방식이 더 도움이 되는지 빠르게 수긍했던 덕분이었습니다.

성숙한 행동 패턴을 키우는 법

내 행동이 옳을 때도 있지만 항상 옳은 건 아닙니다. 잘못된 행동을 할 때가 있다는 걸 인정한다고 자존감이 떨어지는 것도 아니지요. 상처를 입었다는 이유로, 비난받았다는 이유로 스스로를 망가뜨리지 않아야 합니다. 고통 속에 있다는 이유로 상처를 과장해서

부풀릴 필요는 없습니다. 넘어져 우는 때가 있으면 다시 일어설 때가 있고, 힘차게 달려 나갈 때가 있으면 잠시 멈춰 서서 숨을 고를 때가 있습니다. 이 모든 것이 내가 어떤 선택을 하느냐에 달려 있지요. 우리를 강하게 하는 건 타인이 아닙니다. 나를 강하게 하는 건 잘못된 행동을 바로잡고 다른 선택을 하는 나 자신입니다.

직면하는 행동 패턴을 키우는 데 도움이 되는 연습을 알려드립니다. 첫째, 내가 어떤 행동 패턴을 갖고 있는지 '관찰'합니다. 필요에 따라 맞서기도 하고, 회피하기도 하고, 때로는 직면도 하지만 너무 커다란 충격 앞에서는 얼어붙기도 하지요. 반복된 행동으로 크게 문제가 생기는 건 적절하게 대응하지 못하고 '맞서기만' 하거나, '회피하기만' 하거나, '얼어붙기만' 할 때입니다. 그러나 처음엔 자신이 주로 어떤 패턴을 갖고 있는지 아는 게 중요합니다. 과거의 경험을 돌아보면서 어떤 행동을 했는지 적어봅니다. 패턴을 찾기 어렵다면 자신이 외적 성향인지 내적 성향인지를 생각해보세요. 외적 성향인 사람들은 주로 맞설 때가 많고, 내적 성향인 사람들은 주로 회피할 때가 많습니다. 그러나 반드시 그런 건 아니므로 기계적으로 생각하기보다 실제 경험을 떠올려보세요.

둘째, 패턴을 알았다면 기존과 다르게 행동하는 연습을 해봅니다. 예를 들어 자주 맞서 싸웠다면 한발 물러서거나, 매번 회피해왔다면 도전적으로 임해보는 겁니다. 갈등을 즉시 풀어야 직성이 풀렸다면 잠시 그 자리를 피한다거나, 습관적으로 그 자리에서 벗어나곤 했다면 그 즉시 문제를 해결하기 위해 행동하는 식입니다. 열 번 중 여덟아홉 번을 예전처럼 행동한다고 해도 변화를 준 한 번의 행동에 의미를 부여합니다. 그 한 번이 두 번이 되고, 두 번이 세 번이 되는 지렛대 역할을 해줄 테니까요.

셋째, '직면하기' 방식을 점차 늘려갑니다. 맞서기와 회피하기에서 바로 직면하기를 시작해도 좋습니다. 그래도 굳이 정반대의 방식을 가운데 넣은 것은 안 하던 방식을 연습해봄으로써 행동 스펙트럼을 넓히기 위해서입니다. 투사를 줄이는 효과도 있고요. (투사에 대해선 4부에서 좀 더 자세히 설명하겠습니다.)

그렇다면 갈등이 생겼을 때 무엇이 직면하는 행위일까요? 싸움을 걸거나 사건을 회피하기보다 상황을 파악하고 문제에 대한 공감대를 형성하는 것입니다. 사건이 일어나는 과정에서 자신의 잘못이 있었다면 사과를 하고, 상대에게 고마운 일이 있었다면 감사를 표현합니다. 미안할 때 미안하다고 말하고, 고마울 때 고맙다고 말하는 게 당연한 일 같지만, 정신 수준이 높은 행위에 속합니다. 특히 제대로 된 사과를 하는 법을 꼭 배워야 합니다. 자존심 상한다고 미안하다는 말을 못 한다면 자존감이 낮다는 걸 인정하는 셈입니다. 솔직담백하게 잘못을 인정하고 정중하게 사과하는 사람이야말로 자존감이 진짜 높은 사람입니다.

행동 관찰 글쓰기 4

○ 갈등을 겪을 때 네 가지 행동 패턴 중 어떤 식으로 주로 반응
   하나요?

~~~~~~

~~~~~~

~~~~~~

~~~~~~

~~~~~~

○ 최근 어떤 일로 누구에게 사과하거나 고마운 마음을 표현한
   적이 있나요?

~~~~~~

~~~~~~

~~~~~~

~~~~~~

~~~~~~

'의식적'인 행동이

삶을 바꾼다

아침에 눈을 뜨면 가장 먼저 어떤 행동을 하시나요? 눈을 뜨기도 전에 몸부터 움직이는 분도 있을 테고, 휴대전화를 보며 조금씩 잠에서 깨는 분도 있을 겁니다. 우리가 반복하는 행동은 습관으로 잡혀 있을 때가 많습니다. 매일 아침 양치질을 하고 세수를 하는 일도 자동적으로 이뤄지지요. 저는 잠에서 깨면 손과 발을 움직이며 몸에 '일어나자'는 신호를 줍니다. 침구를 정리한 후 주방으로 가서 물 한 잔을 마시고 가볍게 스트레칭을 하지요. 서재로 가서 5~10분 정도 '아침 글쓰기'를 하고 명상을 합니다. 루틴을 끝내고 창밖의 하늘을 바라볼 때가 하루 중 가장 행복한 시간입니다.

하루 일과를 마치고 집에 돌아오면 잠들기 전에 꼭 하는 행동도 있습니다. '잠들기 전 글쓰기'와 명상입니다. 아침 글쓰기와 명상도, 잠들기 전 글쓰기와 명상도 긴 시간을 필요로 하지 않습니다. 아침 15분, 잠들기 전 15분이면 충분합니다. 너무 바빠서 그럴 시간조차 없다거나, 자신을 위해 시간 내는 걸 아깝다고 생각한다면, 무엇을 위해 바쁘게 시간을 보내고 있는지 총알처럼 날아가는 자신을 잠시 멈춰보시길 바랍니다.

세상에서 가장 어려운 게 자신을 바꾸는 일이라고 하지만, 유일하게 바꿀 수 있는 것도 자신입니다. 그런데 우리는 자신을 바꾸려고 하기보다 타인이 바뀌길 바라지요. 비현실적인 기대와 비합리적인 생각으로 남을 탓하면서 비난할 때도 많습니다.

우리는 세상의 중심을 '나'라고 생각하며 살아갑니다. 자아의 특성이 그러하기 때문이지요. 그러나 현실 세상과 심리 세상은 다릅니다. 내 삶에서 내가 주인공이라면, 타인의 삶에서 나는 조연이거나 엑스트라일 뿐입니다. 내 삶에서 주인공 역할을 하지 못할 때 우리는 타인의 삶에 간섭하고 끼어들면서 남의 삶에서 주인공 역할을 하려고 합니다. 자기 배역이 아닌데 욕심 때문에 가로채거나 심지어 강탈하려고까지 하지요. 가끔 내 삶과 바꾸고 싶을 정도로 타인의 인생을 부러워할 때도 있겠지만, 남의 인생을 부러워하느라 더 중요한 걸 놓치지 않길 바랍니다. 바로 '내 인생을 행복하게 가꾸는 일'입니다. 오늘, 여러분은 자신의 행복을 위해 어떤 행동을 하셨나요?

삶을 결정하는 건 행동이다

사람마다 마음속에 그리는 행복은 다를 겁니다. 누군가는 돈 걱정이 없기를 바라고, 누군가는 좋은 사람과 친밀한 관계를 맺기를 원하지요. 멋진 곳으로 여행을 다니는 삶을 최고의 행복으로 손꼽는 사람이 있는가 하면, 아늑한 보금자리에 머물기를 바라는 사람도 있습니다. 같은 이유로 불행의 모습도 여러 가지입니다. 돈이 없어서 불행하고, 좋은 사람이 옆에 없어서 불행하고, 여행을 못 가서 불행하고, 내 집이 아니어서 불행합니다.

삶을 행복한 시간으로 만들고 싶다면, 긍정적인 경험을 자주 많이 하는 것이 좋습니다. 꼭 멋진 곳에 가거나 엄청난 성공을 이뤄내야만 가능한 건 아닙니다. 매일 깨끗하게 씻고, 기분 좋은 미소를 짓고, 좋아하는 옷을 입는 일 등 일상에서 소소하게 할 수 있는 일도 많습니다. 물을 마시고 음악을 듣고 대화를 나누는 일도 '의도적으로' 선택해서 행동한다면 얼마든지 나에게 도움이 되는 일입니다.

그냥 마시는 물은 한 잔의 물에 불과하지만, 세포를 일깨우고 정화한다고 생각하며 기쁜 마음으로 의식적으로 마시는 물은 몸에 좋은 영향을 미칩니다. 우리 뇌는 상상과 현실을 구분하지 못합니다. 강렬하게 상상하면 현실이 된다는 말도 있는데, 저는 이 말을 믿습니다. 그렇다면 어떻게 상상을 현실로 만들 수 있을까요? 상상과 현실 사이에 다리를 놓는 건 행동입니다. 행동은 내가 목표로 하는 곳에 도달하게 하는 디딤돌인 셈이지요.

작가가 되고 싶다면 글을 써야 할 겁니다. 매일 일기를 쓰든, 에세이를 쓰든, SNS에 올리는 글을 쓰든, 뭐라도 쓰기 시작해야 '작가'라는 꿈에 다가갈 수 있겠지요. 배우가 되고 싶다면 연기를 배우고, 오디션을 보러 다니고, 작은 배역이라도 맡을 기회를 만들어야 합니다. 안정된 수익을 바란다면 직장을 다니거나 투자 공부를 해야 할 것이고, 연애를 하고 싶다면 모임에 나가거나 주변에 소개팅 주선을 부탁해야 할 겁니다. 멘탈을 잘 관리하고 싶다면 관련 책을 읽는다거나, 코칭이나 심리상담을 받거나 명상을 배울 수 있겠지요. 그리고 멘탈이 강한 사람이 된 것처럼 행동하는 연습도 필요할 테고요. 하루 이틀 꾸준히 하는 행동은 습관이 되고, 강한 멘탈을 가진 사람으로 변해갈 겁니다.

여러분은 자신의 삶을 어떻게 대하고 있나요? 자신이 어떤 자동화된 행동 패턴을 갖고 있는지 탐색해야 하는 이유는 내 행동 하나하나를 심판하거나 감시하기 위해서가 아닙니다. 궁극적으로는 삶에 대해 어떤 태도를 취하고 있는지, 내 행동이 내가 바라고 꿈꾸는 삶에 가까이 가도록 돕는 것인지, 그렇지 않다면 무엇을 어떻게 바꿔야 할지 탐색하기 위해서지요.

나를 변화시키는 글쓰기 리추얼

리추얼Ritual은 '의례, 의식'이라는 뜻의 종교용어입니다. 저는 이 말을 '매일 반복하는 의미 있는 행위'라고 생각합니다. 매일 하는 작은 행동에 의미를 부여하면 그것이 곧 '리추얼'이지요. 저의 가장 중요한 리추얼은 글쓰기인데요. 제가 여러분에게 리추얼로 추천하고 싶은 것도 '글쓰기'입니다. 글쓰기를 생활의 중심에 두고 매일 꾸준히 하면서부터 감정 기복도, 충동적으로 행동하던 일도 줄었다는 분들이 많은 걸 보면, 글쓰기는 자신을 돌보는 데 확실히 효과가 큰 방법이라고 생각합니다.

제가 강의에서 늘 알려드리는 방법인데요. 쉽고 간단하게 글쓰기를 리추얼로 만드는 방법을 소개합니다. 종이와 필기구만 있다면 시간이나 장소에 크게 구애받지 않고 언제 어디서든 할 수 있습니다.

│ 글쓰기를 리추얼로 만드는 7단계 방법 │

1단계. 3~5분의 시간을 정한다.

2단계. 쓰고자 하는 주제를 떠올린다.

3단계. 눈을 감고 잠시 호흡을 고른다.

4단계. 준비가 되면 타이머를 맞춘 후, 정한 시간이 끝날 때까지 쉬지 않고 쓴다.

5단계. 손에 바퀴가 달린 것처럼 멈추지 않고 쓴다.

6단계. 어떤 것도 다 허용하는 마음으로 쓴다.

7단계. 정해진 시간이 되면 멈춘다.

구체적인 과정은 7단계로 나눴지만 크게 두 가지만 기억하면 됩니다. 하나는 '시간을 정하는 것'이고, 또 다른 하나는 '쉬지 않고 쓰는 것'입니다. 작품을 쓰는 게 아니라 글쓰기를 통해 내 마음을 들여다보는 게 목적이기 때문에 시간은 길지 않아도 됩니다. 10분 이상 쓰려면 팔도 아프고 중간에 생각이 끼어들어서 자꾸 손이 멈추게 되니 시간은 3~5분이 적당합니다. 그렇다면 무엇을 쓰면 좋을까요? 감정일기를 꾸준히 쓰는 것도 좋고, 자신이 이루고 싶은 목표를 쓰는 것도 좋습니다. 주제를 정하고 쓰는 것도 좋지만 지나치게 한정하기보다 다양한 시도를 해보시길 권합니다. 하다 보면 쓰고 싶은 게 자연스럽게 생길 테니 일단 시작해보세요.

글쓰기 리추얼은 자신을 돌보는 시간입니다. 종교적 의례만큼 신성하지는 않더라도, 자신을 위해 내는 시간이니만큼 소중하게 여기면 좋겠습니다. 매일매일의 글쓰기가 여러분을 어떤 곳으로 데려갈지, 설레는 마음으로 기대해보세요.

행동 관찰 글쓰기 [5]

○ 꾸준히 반복했던 행동으로 긍정적인 삶의 변화를 만들어낸
  경험이 있나요?

~~~~~~

~~~~~~

~~~~~~

~~~~~~

~~~~~~

○ 리추얼로 삼고 싶은 행동이 있나요?

~~~~~~

~~~~~~

~~~~~~

~~~~~~

~~~~~~

원하는 것을 이루기 위한

행동 습관 만들기

언젠가 우연히 딸기농장에 가본 적이 있습니다. 아직 열매를 맺기 전이라 하얀색 작은 꽃들만 줄기 가득 달려 있었지요. 그날 이후, 딸기를 먹을 때마다 '딸기의 시간'을 생각합니다. 꽃이 피고 지고, 열매를 맺을 때까지의 시간을요. 열매가 아닌 꽃을 맺었다며 실패했다고 성급하게 판단 내리는 딸기는 없을 겁니다. 딸기는 '그냥' 오늘도 딸기로 살아가고, 내일도 딸기로 살아갑니다. 자신이 딸기인지 의심조차 하지 않지요. 딸기가 열매를 맺을 때까지 양분과 물과 햇빛을 받아들이는 일을 한시도 멈추지 않는 것처럼, 우리도 이루고자 하는 일을 해내기 전까지 시간이 필요합니다. 오늘 할 수 있는 일을 오늘 하고 내일 할 수 있는 일을 내일 하면서 정성을 들여 천천히

'시간을 내 편으로' 만들어야 하지요.

현재 여러분은 '꽃을 피우는 시기'인가요? 혹은 '열매를 맺는 시기'이거나 '익어가는 시기'인가요? 만약 꽃을 피우는 시기라면 열매를 맺을 때까지 시간이 필요합니다. 열매를 맺었더라도 맛이 완전히 들기까지 시간이 필요하지요. 꽃만 보면서 열매도 못 맺는 쓸모없는 인간이라고 자책하는 건 쉽습니다. 그러나 자책은 인생이라는 소중한 열매를 맺는 데 도움이 되지 않습니다. 당장 성과를 내야 할 때도 있지만, 눈앞의 일만 보면 다급하게 일을 처리하게 되고 깊이 생각할 시간을 잃게 됩니다. 멀리 보는 능력을 잃어버리게 되지요. 이것은 시간을 적으로 만드는 법입니다. 잘 익은 딸기처럼 맛있는 인생을 맛보려면, 반드시 시간을 내 편으로 만드는 연습을 해야 합니다. 오직 하루하루를 충실히 살아가는 사람만이 성급함이나 분주함에 밀리지 않고 원하는 열매를 맺을 수 있으니까요.

오늘 하루를 충실하게 보내기

시간을 내 편으로 만드는 방법은 단순합니다. '오늘 해야 할 일을 충실하게 하는 것' 그뿐입니다. 내일 혹은 모레 할 일을 미리 당겨서 하는 건 권하지 않습니다. 지나치게 많은 일을 하는 사람은 일 중독자일 뿐이지요. 오늘 충실하게 보낸 이 기분 좋은 감각을 온전히 나의 것으로 만들어가는 게 중요합니다. 완벽하게 일을 끝내는 게 아니라 온전히 하루를 살았다는 기분과 충족감을 하루 또 하루 늘려가는 것이 인생을 성공적으로 만든다고 생각합니다.

가고 싶었던 대학에 떨어지거나, 일하고 싶었던 회사에 취직이 안 되거나, 사랑했던 사람과 헤어지거나, 예상하지도 못했던 일을 당하는 등 누구나 삶에서 힘든 일을 겪을 때가 있습니다. 이런 스트레스 상황에서 하는 행동은 사람마다 다릅니다. 누군가는 진탕 술을 마시고, 누군가는 남을 험담하고, 누군가는 부모를 탓하지요. 또는 자신의 불운을 원망하기도 합니다. 이런 방식이 전혀 도움이 되지 않는다는 걸 알면서도 딱히 다른 행동을 할 힘이 없어서 '하던 대로' 행동하는 사람도 있습니다. 그러나 일상을 만족스럽게 살아온 사람들은 이때 '다른 선택'을 합니다. 하루를 살았던 그 힘으로 툭툭 털고 일어나 또 하루를 충실하게 살아가지요.

만약 한두 번 좌절을 겪은 것만으로도 큰 충격을 받았다면 그만두는 행동도 하나의 방법입니다. 저는 이것을 '방문 열고 나가기'라고 부릅니다. 이럴 땐 미련 없이 깨끗하게 그만두는 게 좋습니다. 그래야 다음 단계로 나아갈 수 있으니까요. 반대로 몇 번의 실패를 겪었음에도 불구하고 반드시 이루고 싶은 마음이 생긴다면 더 해보는 방법도 있습니다. 저는 이것을 '방 안에 머무르기'라고 부릅니다. 내가 머물고 싶은 장면이 어디인지 스스로 결정했으니 책임도 내가 지면 됩니다.

힘든 일을 겪을 땐 시야가 좁아져서 지금 이 순간의 고통이 영원할 거라고 '착각'하게 됩니다. 행복한 일을 만날 때도 마찬가지입니다. 지금 이 순간의 즐거움이 영원하기를 '기대'하지요. 힘든 일 다음엔 더 힘든 일이 올 수 있고, 좋은 일 다음엔 더 좋은 일이 오기도 합니다. 그렇기에 인생을 긴 안목으로 보는 것이 중요합니다. 농부가 딸기 모종을 심고, 하얀 꽃이 피고 지고, 하얀 딸기가 자라고, 딸기에 붉은 물이 들기 시작하고, 단맛이 딸기 전체에 드는 것을 지켜보듯 말입니다.

시간을 내 편으로 만드는 세 가지 방법

시간을 내 편으로 만드는 일은 행복한 삶을 위해 꼭 필요한 일입니다. 결코 추상적이거나 어려운 일이 아닙니다. 예를 들어 경제적으로 어려움을 겪고 있다면, 돈에 관한 공부를 시작하면 됩니다. 커리어를 상승시키고 싶다면 분야에서 잘나가는 사람들을 벤치마킹해봅니다. 초기부터 현재에 이르기까지 그들의 '어떤 행동들'이 성장을 촉진했는지 정보를 찾아보며 자신에게 하나둘 적용해봅니다. 그들이 했던 방법들이 나에게도 잘 맞는다면 "럭키!"라고 외치세요. 수많은 시행착오를 거쳐 알아낸 걸 쉽게 배웠으니 그만큼 시간을 아낀 셈이니까요. 만약 잘 안 맞더라도 "럭키!"라고 외치세요. 어느 부분에서 부딪치거나 저항감을 느낀다면, 자신도 몰랐던 행동 패턴을 발견하는 기회로 삼으면 되니까요. 좀 더 구체적으로 시간을 내 편으로 만드는 방법 세 가지를 알려드릴게요.

첫째, 긍정적인 기분으로 하루를 시작합니다. 두 팔을 쭉 뻗으며 입꼬리를 위로 있는 힘껏 끌어당겨 스마일 표정을 만듭니다. 그리고 이렇게 말하는 겁니다.

"기분 좋은 하루가 시작되었어."

"오늘은 좋은 일이 생길 거야."

"내가 기다리던 날이 왔어."

자신을 기분 좋게 만드는 말로 하루를 여는 일은 '이 삶이 나의 것이며 내가 만들어간다는 감각'을 일깨워줍니다. 목소리에 밝은 기운을 듬뿍 담아 말해보세요.

둘째, 매일 중요한 일을 합니다. 직장인이라면 회사 업무일 것이고, 사업가나 프리랜서라면 자신의 일이겠지요. 중요한 일을 할 때는 시간 배분에 신경을 씁니다. 중요한 일일수록 양질의 덩어리 시간을 확보해야 합니다. 5분마다 방해받는 환경에서 중요한 일을 하기는 어렵습니다. 최대한 자극을 차단하고 몰입할 수 있는 시간을 가져야 합니다.

셋째, 자신이 좋아하는 일을 합니다. 매일 5~10분도 좋고, 1~2시간도 좋습니다. 취미로 하는 일이더라도 되도록 목표와 실천 방안을 정해보세요. 만약 웹소설을 쓰고 싶다면, '궁극적으로 회사를 그만두고 웹소설 작가가 되어 연봉 1억 원 이상을 번다'는 식으로요. 목표는 크게 잡아도 좋습니다. 그러나 실천 방안은 아주 작고 쉬운 것으로 만들어야 합니다. 예를 들면 '하루 500자 이상을 쓴다'는 식으로 구체적으로 정해보세요. 그리고 그것을 매일 반복합니다. 세상에서 가장 강한 힘은 반복하는 힘입니다.

무언가를 오래 반복하면 그것이 나의 정체성이 됩니다. 작가는 오랫동안 글을 써온 사람입니다. 배우는 오래 연기를 해온 사람이지요. 사업가가 하루 중 어떤 생각을 가장 많이 할까요? 당연히 자신의 사업이겠지요. 어떤 한 사람이 무엇을 오래 생각하고, 반복하고 있는지 잘 관찰해보면 그 사람이 그 일을 어떻게 하는 사람인지 알 수 있습니다. 종이를 뚫는 햇빛의 힘으로, 바위를 뚫는 물의 힘으로, 매일 할 일을 해나가시길 바랍니다.

행동 관찰 글쓰기 6

○ 힘들지만 어떤 일을 끝까지 해낸 경험이 있나요?

~~~~~~

~~~~~~

~~~~~~

~~~~~~

~~~~~~

○ 일을 마칠 수 있었던 결정적인 행동은 무엇인가요?

~~~~~~

~~~~~~

~~~~~~

~~~~~~

Tip | 내 행동의 주인으로 살아가는 법

1. '이것이 내게 도움이 되는 행동인가?' 질문하기

이루고 싶은 목표에 방해가 되는 행동을 하고 있거나, 끝없이 미루는 행동을 하고 있다면 가장 먼저 "이것이 내게 도움이 되는 행동인가?"라고 질문해보세요. 우리 뇌는 질문을 받으면 해답을 찾으려는 경향이 있습니다. 질문은 습관적으로 하는 행동에 "스톱!"을 외치는 일입니다. 질문은 기존의 행동을 멈추고 새로운 행동을 시작하게 하는 데 효과적입니다. "이것이 내게 도움이 되는 행동인가?"를 묻고, 도움이 되는 행동을 시작하세요.

2. 행동 속에 숨은 욕구 파악하기

행동에는 동기가 있습니다. 행동의 동기는 대부분 욕구를 충족하기 위한 것이지요. 자신이 자주 하는 행동을 관찰해보면 중요하지만 잘 알지 못했던 욕구를 발견할 수 있습니다. 그것은 생존의 욕구를 넘어 소속의 욕구일 수도 있고, 존중의 욕구일 수도 있으며, 자아실현을 위한 욕구일 수도 있지요. 삶에 필요한 욕구를 충족시키지 못하고 있다면 적절한 행동을 통해 채워주세요. 불필요한 행동이 줄고, 더 중요한 일에 집중할 수 있습니다.

3. 내 행동 관찰하고 패턴 확인하기

낯선 상황에서 우리는 비슷한 행동을 반복하는 경향이 있습니다. 크게 네 가지 패턴으로 드러나는데 '맞서기', '회피하기', '얼어붙기', '직면하기'이지요. 자신이 어떤 행동 패턴을 갖고 있는지 알게 되면, 자동적으로 행동하는 습관을 바꿀 수 있습니다. 행동 패턴을 탐색하는 방법은 과거의 경험을 떠올리며 어떤 행동을 했는지 돌아보는 것입니다. 꼭 자신의 실제 경험을 떠올리며 경향성을 찾아보기 바랍니다.

4. 기존과 다른 방식으로 행동하기

자신의 행동 패턴을 알았다면 기존과 다르게 행동하는 연습을 해봅니다. 예를 들어, 자주 맞서 싸웠다면 한발 물러서거나, 매번 회피해왔다면 주도적으로 행동하는 식이지요. 습관은 오랫동안 몸에 익은 것이기에 한두 번의 연습으로는 바뀌지 않습니다. 열 번 중 아홉 번을 예전처럼 행동해도 실망하지 말고, 변화를 준 한 번의 행동에 의미를 부여하세요. 처음 시도한 한 번이 열 번을 만들어내는 지렛대가 될 테니까요.

5. 리추얼로 매일 행동하는 힘 키우기

세상에서 가장 어려운 일이 자신을 바꾸는 일이라고 합니다. 그러나 우리가 유일하게 할 수 있는 일 또한 자신을 바꾸는 일입니다. 건강하고 행복한 삶을 살기 위해 매일매일 거창한 행동을 해야 하는 건 아닙니다. 영양가 있는 음식을 골고루 먹고, 기분 좋은 미소를 짓고, 좋아하는 음악을 듣는 등 '의도적으로' 하는 행동은 일상을 변화시킵니다. 자신에게 도움이 되는 행동을 리추얼로 정하고 매일 반복해보세요.

4부

나는 왜
쉽게
상처받고
흔들리는가?

마음 중심이 단단한 어른으로

살아가는 법

letter 04

삶의 '조화'을 위한 카운슬러의 편지

우리가 자동반응에 덜 휘둘리면서

자기 삶의 주인으로 살아가려면

생각, 감정, 행동의 '주체'가 자신임을 알아야 합니다.

우리가 생각, 감정, 행동에 압도당하면

그것이 곧 나라고 믿고 '동일시'하게 됩니다.

이 동일시에서 벗어나는 것이 자동반응을 멈추는 일입니다.

생각, 감정, 행동은 내가 선택할 수 있고,

나는 나의 선택에 책임져야 하지만

그것들은 나의 일부이지 전체가 아닙니다.

부정적 생각이나 감정에 사로잡히더라도

도움이 되지 않는 행동을 반복하더라도

내가 지금 무엇에 휘둘리고 있는지 알아차리고,

알아차리는 즉시 멈출 수 있다면,

우리는 좀 더 균형 잡힌 선택을 할 수 있습니다.

내 마음의 풍경이 곧 내 삶의 풍경입니다.

삶의 조화는 마음의 조화에서 비롯됩니다.

자신에게 해로운 선택은

이제 그만

정신분석학의 창시자 지그문트 프로이트Sigmund Freud는 이런 말을 남겼습니다. "인생에는 두 가지 중요한 주제가 있다. '일과 사랑'이다."

우리가 현실에서 겪는 문제는 바로 이 두 가지 주제로 좁혀지는 듯합니다. '일'은 일생에 걸쳐 하는 활동을 총체적으로 이루는 말입니다. 수입을 만드는 일일 수도 있고, 가치를 따르는 봉사활동일 수도 있지요. 사람은 매일 하는 활동을 통해 자신을 드러냅니다. 나이 들수록 무료함을 느끼는 이유 중의 하나가 활동이 줄어서라고 하는데요. 그만큼 적절한 활동은 삶에 커다란 생기를 주지요.

'사랑'은 관계를 이르는 말입니다. 태어나는 순간부터 죽는 순간까지 우리는 복잡한 관계망 속에서 살아갑니다. 관계로 인해 우리는 행복과 기쁨을 느끼지만, 고통을 겪기도 합니다. 그만큼 관계는 삶의 질을 결정하는 중요한 요소입니다.

대부분의 문제에는 일과 관계, 이 두 가지가 서로 섞여 있습니다. 일이 잘 풀리지 않아 경제적으로 힘들어지면 관계에도 어려움이 생깁니다. 반대로 관계에서 어려움을 겪을 때 일에 집중하기가 어려워지지요. 말하자면, 이 두 가지 중에서 어느 것 하나도 소홀히 여길 수 없다는 뜻이며, 두 가지 영역이 조화를 이뤄야 한다는 의미이기도 합니다.

삶에서 어려움을 겪을 때 안개가 낀 것처럼 앞이 보이지 않을 때도 있지만, 이럴 때일수록 자기 내면을 들여다보는 기회로 삼아야 합니다. 삶의 혼란스러움은 외부 문제에서 비롯된 것처럼 보이지만, 결국엔 해결되지 못한 내면의 문제가 겉으로 드러난 것일 뿐입니다. 내가 해결해야 하는 심리적 이슈가 무엇인지, 여태까지 어떤 생각과 감정과 행동을 무의식적으로 반복해오고 있었는지, 그로 인해 어떤 문제에 빠질 수밖에 없었는지 바라보기 시작하면, 나를 망치던 습관에서 벗어나 자신에게 이로운 선택을 할 수 있습니다.

내가 정말 원하는 것은 무엇인가

일과 관계에서 원하는 것을 이룰 때도 있지만 장애에 부딪힐 때도 있습니다. 그 장애가 현실적 조건일 때도 있지만, 심리적 이슈일 때도 있지요. 바꿀 수 있는 것도 있고, 받아들여야만 하는 것도 있습니다. 어른이 된다는 건, 좀 더 성숙하고 지혜로운 사람이 된다는 건 '바꿀 수 있는 것'과 '바꿀 수 없는 것'을 구분할 줄 아는 안목이 생기는 걸 의미합니다.

그런데 무엇이 장애인지 안다고 해서 원하는 걸 꼭 이루게 되는 건 아닙니다. 이 주제는 제게도 커다란 의문이었습니다. 원하는 걸 명확하게 알고, 방해가 되는 원인도 아는데 해내지 못하는 이유가 무엇일까요? 이유는 크게 두 가지인 듯합니다.

첫 번째, 자신이 '진짜' 원하는 게 무엇인지 모르기 때문입니다. 내가 진짜 원하는 걸 알려면 '내면의 열정'을 찾아야 합니다. 부자가 되길 원한다면, 내가 왜 부자가 되길 원하며 어떻게 사는 게 부자의 삶인가를 심층적으로 생각해봐야 합니다. 이 과정에서 타인의 목표를 내 목표로 착각하고 살아왔다는 사실을 알게 되기도 하지요.

진짜 원하는 것을 깨달은 후엔 기존의 목표를 과감하게 수정하는 일도 생깁니다. 목표를 한층 더 뚜렷하게 갖게 되지요. 막연하게 여행을 가고 싶다고 생각할 때와 정말 가고 싶은 목적지를 정했을 때의 추진력은 달라질 수밖에 없습니다. 하루하루 신이 나고 에너지가 넘칩니다. 다른 사람의 눈치를 덜 보게 되고, 결과에 집착하는 일도 덜 하지요. 그저 자신이 가고 싶은 길을 묵묵히 나아갈 뿐입니다.

무엇을 원하는지 모를 땐 다른 사람이 아니라 자신에게 물어봐야 합니다. 내가 원하는 걸 다른 사람이 알 수는 없으니까요. 저는 주기적으로 저 자신한테 이렇게 물어봅니다.

"나는 무엇을 원하는가?"

이 질문을 품고 명상을 하면, 내가 내 신발을 신고 있는지 남의 신발을 신으려고 하는지 또렷이 느껴질 때가 많습니다. 여전히 사람들의 기대와 눈높이에 맞춰 살아가고자 하는 욕망이 남아 있어서 그 욕망에 끌려가고 있음을 알아차리기도 하지요.

우리는 자신이 주체적으로 생각하며 살아간다고 믿고 있지만, 사실은 '학습된 생각'에 사로잡혀 있을 때가 많습니다. 그 생각은 보이지 않는 신념으로 마음 깊은 곳에 자리 잡고 있지요. 예를 들면 다음과 같은 것입니다.

'원하는 것만 하고 살 수는 없어.'

'원하는 대로 살려는 건 이기적이야.'

이 말은 어찌나 강력한지 내가 원하는 걸 시도해보기도 전에 포기하게 만들기도 합니다. 가족을 생각하고, 동료들을 생각하고, 아이들을 생각하고…. 생각하는 것이 많아질수록 포기해야 하는 이유도 늘어나지요. 가능한 방법을 떠올리는 게 아니라 불가능한 현실을 보게 됩니다. 이런 과정을 나도 모르게 반복하고 있다면 이 또한 자동반응일 수 있습니다. 시작도 하기 전에 불가능하다고 생각하면서 시도조차 하지 않는 것 말입니다.

원하는 걸 알아도 해내지 못하는 두 번째 이유는 목표에 '도달할 때까지' 일관된 행동을 하지 않기 때문입니다. 이는 생각과 감정과 행동이 통합되지 않은 데 원인이 있습니다. 시험에 합격하고 싶다고 생각하지만, 공부를 하고 싶은 기분이 안 듭니다. 억지로 책상 앞에 앉아 있지만, 머릿속은 딴생각으로 가득 차고 지루한 감정을 느끼다가 휴대전화를 열어 재미있는 동영상에 빠지지요. 그러면서 의지가 부족하다고 자기 탓을 합니다. 엄밀히 말하면 목표를 이루지 못하는 건 의지와는 상관이 없습니다. 생각과 감정과 행동을 일치시키지 못하는 습관 때문에 의지도 올바른 방향성을 갖지 못하는 것일 뿐이지요.

우리가 생각, 감정, 행동의 세 영역에서 자동적으로 일어나는 반응 패턴을 탐색하는 이유는 삶을 '주체적으로' 살아가기 위해서입니다. 자동반응으로 살아가는 삶은 잠들어 있는 것과 같습니다. 의식하지 못한 상태에서 생각, 감정, 행동이 멋대로 끌고 가는데도 손을 놓고 있으니 말입니다. 그러나 무의식적인 패턴을 깨닫고 다른 선택을 하는 것은 잠에서 깨어나는 일입니다. 잠에서 깨어난 의식은 자극과 반응 사이의 틈을 선명하게 볼 줄 압니다. 자신이 어디로 가야 할지, 그 과정에서 무엇을 선택해야 할지 압니다. 즉, 원하는 방향으로 갈 수 있는 길을 압니다. 생각, 감정, 행동이 내 삶의 주인 노릇을 하도록 두지 않지요. 내가 그것의 주인이라는 것을 명확히 아니까요.

신데렐라 이야기가 알려주는 것들

생각, 감정, 행동의 주인으로 살아가려면 내가 어떤 습관을 갖고 있는지 깨닫는 것이 중요합니다. 알지 못할 때는 '무의식적'으로 살아가지만, 아는 순간 '의식적으로' 바꿀 수 있는 기회가 생기니까요. 말하는 속도가 빠르다든가, 입을 벌린 채 음식을 씹는다든가, 남의 말을 중간에 끊는다든가 하는 것도 누군가 알려주기 전에는 모를 때가 많습니다. 알지 못하면 바꿀 수도 없습니다. 자동적으로 반응하는 패턴을 바꾼다는 건 나도 모르게 반복하던 습관을 변화시키는 것입니다. 즉, '무의식을 의식화'하는 것이지요. 무의식이 주인이 아니라 의식이 주인이라는 것을 명확히 하는 것입니다.

'빨간 구두' 이야기로 이 책을 시작했는데요. 이번에는 세상에서 가장 유명한 신발 중 하나인 '신데렐라의 유리 구두' 이야기를 들려드릴게요.

어릴 적에 누구나 한 번쯤 읽어봤을 법한 《신데렐라》는 수많은 해석이 가능한 동화입니다. 저는 신데렐라 이야기 중에서 '전환점'

이 되는 부분에 주목합니다. 성에서 열리는 파티에 가는 대목이지요. 만약 신데렐라가 자신의 처지를 비관하며 아무 소원도 갖지 않고 행동도 하지 않았다면 어떻게 되었을까요? 평생 구박만 받으며 살았을지도 모릅니다. 그런데 신데렐라는 두 가지를 모두 해냈습니다. 자신이 원하는 것('파티가 열리는 성에 가고 싶다')을 알았고, 원하는 것을 이루기 위해 행동('성에 간다')을 했지요. 비록 12시 전에는 돌아와야 한다는 한계가 있었지만, 포기하지 않았습니다. 최대한 가능성을 열어두고, 자신이 할 수 있는 행동을 했지요.

제가 흥미롭게 생각하는 부분은 신데렐라가 성으로 가는 대목입니다. 요정이 나타나 도마뱀을 마부로, 생쥐를 말로, 호박을 마차로 만들어주지요. 그런데 성으로 가는 도중 신데렐라가 "성으로 가는 건 아무래도 아닌 것 같아. 가봤자 웃음거리만 될 거야. 집으로 가자!"라고 명령을 바꿨다면 어떻게 되었을까요? 또는 "성으로 가도 될까? 잠깐, 마차 좀 세워봐. 생각 좀 해볼게"라고 고민하며 시간을 오래 끌었다면요? 하지만 다행히 신데렐라는 마차를 세우거나 방향을 바꾸지 않습니다. 일관되게 성으로 가는 것만 생각하지요.

"성으로 가자!"

주변의 도움을 받았지만, 궁극적으로 가장 중요한 명령을 내리고 지킨 사람은 바로 신데렐라 자신입니다. 신데렐라의 말을 들은 도마뱀 마부는 성으로 말을 몰았고, 호박 마차는 성을 향해 달려갈 수 있었습니다. 그런데 만약 마부가 신데렐라의 명령을 듣고도 마음대로 방향을 바꾸었다면 어떻게 되었을까요? 또는 말이 마부의 말을 듣지 않고 맛있는 풀을 발견해서 꼼짝도 하지 않았다면요? 마차는 성에 도착하지 못했을지도 모릅니다. 이 이야기는 우리의 의식과 무의식에 대해 중요한 것을 알려줍니다.

명령을 내리는 신데렐라는 '의식'입니다. 그리고 마부는 '생각'입니다. 방향을 설정하고 길을 안내하지요. 말은 '감정'입니다. 감정은 동기부여를 하고, 추진력을 강화합니다. 마차는 '신체'입니다. 생각과 감정이 이끄는 대로 몸도 움직이지요. 의식은 깨어 있을 때 주인이 될 수 있습니다. 의식이 잠들어버리면 생각과 감정과 행동은 무의식에 각인된 패턴대로 움직입니다. 내가 어디로 가는지 모르는 채 어디론가 흘러가는 것이지요.

의식을 사전에서 찾아보면 '깨어 있는 상태에서 자기 자신이나 사물에 대하여 인식하는 작용'이라고 되어 있습니다. 의식이 하는 가장 중요한 일은 어디로 나아갈지 방향을 결정하는 것입니다. 내가 어떻게 살아갈지, 무엇을 이루면서 살아갈지, 어떤 사람으로 살아갈지 정하는 일이지요.

의식이 깨어 있을 때 우리는 원하는 일을 하고 좋은 관계를 맺는 데 도움이 되는 습관을 만들 수 있습니다. 말썽을 부리는 생각, 감정, 행동 때문에 불필요하게 소진하던 에너지를 내가 진정 원하는 일에 몰입할 수 있게 되지요. 건강하게 의존하고 적절하게 독립하는 과정을 수행하고, 과거의 고통스러운 기억에서 자유로워지고, 싫은 사람과의 관계에서 중심을 잡고, 힘든 이별 앞에서도 여전히 내가 괜찮은 사람이라고 여기며, 자신의 삶을 창조하며 살아갑니다. 몸과 마음이 통합된 상태에서 목적에 맞는 방법을 찾아내고, 삶의 중요한 일에 집중하지요. 깨어 있는 상태에서 생각, 감정, 행동을 인식하며 자신에게 도움이 되는 습관을 만드는 일은 삶의 주체성을 높이는 일입니다. 이것이 바로 내 인생의 주인공으로 살아간다는 의미임을 꼭 기억하시길 바랍니다.

내면 성장 글쓰기 ①

○ 모든 것이 가능하다면, 나는 어떤 삶을 살고 싶나요?

~~~~~~

~~~~~~

~~~~~~

~~~~~~

~~~~~~

○ 원하는 것을 이루는 데 방해가 되는 습관은 무엇이고, 도움이
  되는 습관은 무엇인가요?

~~~~~~

~~~~~~

~~~~~~

~~~~~~

~~~~~~

당신의 홀로서기 능력은

몇 점인가요?

심리상담 중에 꿈 이야기가 나올 때가 있습니다. 꿈작업을 하면서 수많은 꿈을 만났는데 정말 많이 나오는 것이 '신발' 꿈입니다.

"모임이 끝난 후 현관에서 신발을 찾아 신는데 내 신발만 없었다", "한쪽 신발이 없어서 맨발로 돌아왔다", "내 신발을 찾지 못해서 다른 사람의 신발을 신었다", "거대한 몸집의 남자가 내 신발을 훔치는 것을 보고만 있었다", "신발을 선물로 받았는데 크기가 맞지 않았다", "맨발로 걷는 소년에게 내 신발을 벗어주었다". 너무나 비슷한 꿈이 많아서 신발이 삶의 중요한 상징을 보여주는 게 틀림없다는 확신을 갖게 되었지요.

여러 사람이 비슷한 꿈을 꾸더라도 같은 의미는 아니기에 그 사람의 현재 상황에 따라, 작업하고 있는 이슈에 따라 신중하게 접근해야 합니다. 꿈을 해석하거나 분석하는 입장이 아니라 '나누는' 관점을 취하는 이유도 꿈을 꾼 사람조차 자신의 꿈을 전부 기억하는 건 아니기 때문입니다. 그런데 신발 꿈에는 하나의 공통점이 있는 듯합니다. 그것은 바로 이런 질문입니다.

'지금 당신은 누구의 삶을 살고 있나요?'

두 발로 땅을 딛고 걸어가는 것은 인간의 신체 구조에 따른 결과이기도 하지만 심리적으로는 '주체성'을 의미합니다. 다른 사람의 꿈을 대신 실현하면서 살아가거나 자기 목소리를 내지 못하고 억압하면서 살아가고 있을 때 신발 꿈을 꾸면, 신기하게도 남의 신발을 신거나 신발을 잃어버리곤 하지요. 그리고 실제로 현실에서도 신발을 제대로 신지 못하기도 합니다. 성인이 된 후에도 자신의 입지를 스스로 넓혀가기보다 부모의 영향권 아래 살아갑니다. 표면적으로는 문제가 없어 보입니다. 오히려 누군가는 부모가 이토록 살뜰히 보살펴주니 얼마나 좋겠냐고도 합니다. 그런데 과연 좋은 게 좋은 거라고 장담할 수 있을까요?

나이를 먹는다고 모두 어른이 되는 건 아닙니다. 내 삶을 스스로 책임지며 살아가는 사람만이 진정한 어른이 될 수 있지요. 어른이 되어가는 과정에서 필연적으로 맞닥뜨리게 되는 게 있는데요. 바로 '독립과 의존'의 이슈입니다.

그가 삶에서 직면해야 했던 것

형우 씨가 상담실에 찾아온 것은 과장 진급을 앞둔 시점이었습니다. 크게 성과를 낸 적도 없었지만 딱히 문제를 일으킨 적도 없이 조직에 잘 적응하는 편이라고 했습니다. 그런데 과장 진급을 앞두고 건망증이 심해졌다고 합니다. 처음엔 뇌에 문제가 생긴 줄 알고 겁이 더럭 났는데 검사를 해도 '의학적으로는 문제없음'이라는 결과가 나왔습니다. 회식에서 술에 취한 채 상사의 멱살을 잡는 일도 생겼지요. 평소 그의 성격을 생각하면 상상도 못 할 일이었습니다. 게다가 그 상사는 형우 씨를 적극적으로 지지하고 밀어준, 그의 진급에 1등 공신인 인물이었습니다. 그렇기에 더더욱 이해할 수 없는 노릇이었지요.

사태 파악을 한 형우 씨는 부랴부랴 상사에게 크게 사과했고, 상사도 쌓인 게 많았냐며 농담처럼 너그럽게 넘어갔습니다. 그러나 이 사건 이후 두 사람 사이는 미묘하게 달라졌습니다. 실금이라도 그어진 듯 어떤 이질감이 생겼지요. 겉으로는 달라진 게 없어 보였지만, 상사가 선을 긋는 게 형우 씨에겐 느껴졌습니다.

이 일만이었다면 형우 씨가 상담실에 자발적으로 오는 일은 없었을지도 모르겠습니다. 이후로도 그가 연달아 우연한 실수인지 고의적인 잘못인지 도무지 알 수 없는 행동을 했기 때문입니다. 바로 그 상사에게 말입니다.

"미치지 않고서야 그럴 리가 없는데, 저도 저를 모르겠어요!"

형우 씨의 사례는 무척 흥미로운 부분이 많았습니다. 하지만 특이한 경우는 아닙니다. 제법 많은 분이 '자신도 모르게 나온 행동'으로 삶에서 곤욕을 치르며 상담에 오시니까요. 탐색 과정에서 형우 씨 형에 관한 이야기가 나왔습니다.

"형과는 사이가 좋은 편이에요. 어릴 때 아버지가 돌아가셔서 여섯 살 많은 형이 제겐 아버지 같은 존재였죠. 학비며 생활비며 형의 도움을 많이 받았고요. 그런데 가끔은 답답해요. 제가 하고 싶은 걸 하면서 사는 게 아니라 형이 말하는 대로 사는 게 아닌가 싶어서요."

대학 진학부터 취업에 이르기까지 형우 씨는 형의 말을 따랐다고 합니다. 형우 씨의 삶에는 보이는 곳에서부터 보이지 않는 곳에 이르기까지 형이 많은 영향을 미치고 있었습니다. 형우 씨의 통찰이 다다른 지점도 바로 이 부분이었습니다.

"사실은 형에 의존하고 싶으면서도 형으로부터 독립하고 싶었나 봐요."

의존과 독립! 이 말에 저는 무릎을 탁 쳤습니다. 형우 씨가 삶에서 해결해야 하는 중요한 심리적 이슈였으니까요. 그는 자신에게 호감을 표현하는 이들에게 지나치게 순응하는 모습을 보이고 있었습니다. 그런데 잘 생각해보면 누군가를 항상, 언제나, 모든 면에서 수용하기는 참 어려운 일입니다. 특히 친밀한 감정을 느끼며 애착을 형성한 대상에 대해서는 좋아하는 마음이 많은 만큼 섭섭한 마음도 생기기 마련이지요.

형우 씨가 형에게 느끼는 고마운 마음은 의식화되어 있었지만 지나친 간섭으로 인한 분노는 무의식에 쌓여 있었다가 형을 연상하게 하는 조력자를 만났을 때 터지고 만 것입니다. 형에게 향해야 할 분노가 상사에게 향했다고도 볼 수 있지요. 그런데 왜 하필 '이 시기에 이런 일'이 생긴 걸까요? 과장 진급은 형우 씨에게 기쁜 일이었지만, 동시에 압박감을 크게 느끼는 일이었습니다. 지금까지는 통제가 가능했지만 한계치를 넘어서는 순간이 되자 터지고 만 겁니다. 게다가 회식 자리에서 상사가 했던 한마디가 트리거 역할을 한 듯했습니다.

"지금까지와는 많이 달라질 거야. 하지만 걱정 안 해. 잘 해낼 테니까."

상사 입장에서는 충분히 할 수 있는 말이었지만, 문제는 형우 씨의 형이 그에게 귀에 못이 박히도록 했던 말과 아주 유사했다는 겁니다. 고등학교에 진학할 때, 대학에 입학할 때, 졸업을 앞두고 있을 때, 취업 준비를 할 때, 첫 직장에 들어갔을 때, 이직을 할 때 등 삶의 수많은 고비에서 형은 '동생을 위해' 이 말을 하곤 했습니다. 형의 말은 형우 씨에게 이런 메시지로 들렸다고 합니다.

"날 실망시키지 마라."

형우 씨는 진학, 취직, 승진 등 중요한 일을 맞을 때마다 커다란 압박감을 느끼면서도 형을 실망시키고 싶지 않아서 과도하게 노력해왔습니다. 그리고 '형을 실망시키고 싶지 않다'는 마음은 언제부터인가 '형을 절대 실망시키면 안 돼'로 바뀌었습니다. 형을 한 번이라도 실망시키면 자신이 형편없는 인간이 되는 거라고 생각하게 되었지요.

적절하게 의존하고 건강하게 독립하기

살아가는 동안 소중하게 생각하는 사람을 단 한 번도 실망시키지 않을 수 있을까요? 저는 불가능한 일이라고 생각합니다. 어려운 일이지만, 오히려 꼭 해내야 하는 일이지요. 누군가를 실망시키지 않으려는 마음이 때론 우리를 성장시키기도 하지만, 그것에 지나치게 얽매여 있다면 역으로 의존성을 키울 수도 있습니다. 누군가를 실망시키고, 누군가에게 실망하더라도 서로에 대한 신뢰를 유지하는 것이 독립적인 태도입니다. 독립과 의존은 단기간에 완성되는 것이 아니라 우리가 평생 배워나가야 하는 과제이기도 합니다.

어렸을 때는 부모에게 '의존'하는 법을 배우고, 성인이 되면 친밀한 사람들 사이에서 '의지'하는 법을 배웁니다. 나이가 들어 병이

들거나 운신이 어려워지면 또 다른 사람들에게 '기대는' 법을 배우게 되지요. 의존의 형태는 달라지지만, 건강하게 독립하려면 적절하게 의존하는 방법도 배워야 합니다. 어려서 부모님에게 의존하지 못한 사람은 커서도 타인에게 의지하는 걸 어려워합니다. 혼자 단독으로 일을 처리하려고 하거나 도움이 필요한 일도 요청하지 못해 일을 키우기도 합니다. 그러나 심리적으로는 취약한 상태이기에 주고받는 일에 서툽니다. 아주 작은 친절에도 과도하게 보상하려고 하거나, 남들에게 부탁받는 일 자체를 부담스러워합니다. 필요할 때 주고받는 일을 어려워하는 것이지요.

나무들이 따로 서 있으면서 함께 숲을 이뤄 서로를 보호하듯, '나'라는 존재는 '타인'이라는 상대를 만나 관계를 이룹니다. 의존을 사람에게만 하는 것은 아닙니다. 일, 돈, 명예, 알코올, 자극적인 흥미 추구 등에 지나치게 의존하는 사람도 있습니다. 바꿔 말하면 이 이슈에 대해 독립적이지 못하다는 의미이기도 하지요.

의존과 독립의 문제는 어렸을 때 경험한 애착 유형과 연관이 있습니다. 부모님에게 마음껏 의존하며 생존과 안전, 소속의 욕구 등 중요 욕구들을 충족한 아이는 부모로부터 한 발씩 멀어지는 연습을 합니다. 언제든 돌아갈 수 있는 베이스캠프가 있기에 안심하고 멀리 가보는 겁니다. 아이가 걸음마 연습을 하는 걸 본 적 있으신가요? 한 걸음 걷고 돌아보고, 또 한 걸음 걷고 돌아보지만 자신이 생기면 성큼성큼 앞으로 나아갑니다. 위험하다고 말려도 호기심을 갖고 올라타고, 건너가고, 가로지르지요. 독립은 우리 안에 내재된 본성과 같습니다.

형우 씨는 의존 성향이 강했기에 독립에 대해 새롭게 성찰하고 자신으로 살아갈 준비를 해야 할 단계에 이르렀습니다. 신기하게도 우리의 마음은 성장할 때가 되면 특별한 메시지를 전해주곤 합니다. 겉으로 보면 '나쁜 일'처럼 보이더라도 잘 들여다보면 삶의 방향을 전환할 만큼 '소중한' 계기가 될 때가 많지요. 일어난 일을 어떻게 해석하느냐에 따라 위기를 기회로 만들 수 있습니다.

형우 씨의 '멱살 사건'이라는 무의식적인 반응은 향후 그가 삶의 방향을 틀 수 있는 기회가 되었습니다. 형에게 하고 싶은 말을 조금씩 하게 되었고, 자기 결정에 진정한 책임 의식을 갖게 되었으며, 회사에서도 한층 주체적이고 도전적인 과업을 시도하게 되었지요. 게다가 형과 같이 살던 집에서 분가해 혼자 살기로 결정했습니다.

"매일 보던 조카들을 못 보게 된 건 섭섭하지만 저도 '진짜' 독립을 해야죠."

상담을 종결하던 날, 환하게 웃던 형우 씨의 얼굴이 지금도 생각납니다. 홀로 서 있되, 타인과 함께 살아가는 법을 배우고 있는 형우 씨의 '진짜' 독립은 지금도 여전히 진행 중입니다.

내면 성장 글쓰기 ②

○ 나는 누구(혹은 무엇)에게 의존하고 있나요?

~~~~~~

~~~~~~

~~~~~~

~~~~~~

~~~~~~

○ 건강한 독립을 위해 내게 필요한 것은 무엇인가요?

~~~~~~

~~~~~~

~~~~~~

~~~~~~

~~~~~~

내 안의 내면아이를

안아줘야 할 때

오래전 중동 지역을 여행한 적이 있었습니다. 터키를 거쳐 시리아와 레바논의 고대 유적지를 살펴보는데 낯선 지역에서 길을 잃곤 했습니다. 특히 시리아의 수도 다마스쿠스 구도심은 미로와 같은 골목이 많기로 유명했습니다. 옛길과 새 길이 섞여 있고 허물고 다시 만든 길이 거미줄처럼 얽혀 있어서 현지인들도 길을 잃는 경우가 종종 있다고 했지요.

당시 저는 골목길이라면 환장하던 시절이라 부푼 가슴을 안고 숙소를 나왔습니다. 시장 구경에 시간 가는 줄 모르고 있다가 주변을 둘러보니 어디가 어딘지 모르겠더군요. 어디선가 아이의 울음소리가 들렸습니다. 갑자기 겁이 덜컥 났습니다. 말은 통하지 않고 다리에 쥐가 날 정도로 길을 찾았지만, 같은 자리를 뱅뱅 돌 뿐이었습니다. 다행히 밤이 되기 전에 물어물어 간신히 숙소로 돌아왔지만, 부푼 마음으로 숙소를 나섰을 때와 달리 물을 잔뜩 먹은 솜처럼 피곤했습니다. 당장이라도 '최악의 다마스쿠스'를 떠나 다른 도시로 가고 싶을 정도였습니다. 그런데 잠들기 전, 이런 생각이 들었습니다.

'길을 잃은 게 패닉에 빠질 정도로 위험한 일이었을까?'

이 생각이 제 안에 어떤 빛을 밝혔습니다. 사는 동안 두 번 다시 못 올지도 모르는 다마스쿠스에서 나쁜 기억만 갖고 싶진 않았습니다. 다음날, 다시 구도심으로 갔습니다. 미궁에 들어가던 테세우스에게 아리아드네가 빨간 실을 주면서 그 실을 따라 되돌아 나오라고 한 것처럼 저도 나름대로 빨간 실을 준비해갔지요. 제가 가져간 빨간 실은 눈에 보이는 것이 아니라 어떤 '생각'이었습니다. 두 갈래 길이든 세 갈래 길이든 분기점을 만나면 무조건 가장 오른쪽 길을 선택하자는 생각이었지요. 오른쪽 길만 선택하면서 시장을 다시 구경한 후 무사히 길을 찾아 나왔습니다. 만약 그때 기억에만 의지하며 다녔다면 또다시 길을 잃어버렸을 겁니다.

어제와 무엇이 달랐는지 기억을 되감아보았습니다. 날씨도 어제와 비슷했고, 사람들의 모습도 크게 다른 것이 없었습니다. 두 번째라고 그나마 덜 낯설어서였는지도 모르지만 길을 모르기는 마찬가지였습니다. 낯선 장소에서 길을 잃는 경험은 두려운 일일 수 있습니다. 그러나 실제 위협을 당한 것도 아닌데, 순간적으로 패닉에 빠질 만큼 공포감을 느꼈던 건 어딘가 이상하다는 생각이 들었습니다.

고개를 갸웃거리며 발걸음을 돌리던 순간 이유를 깨달았습니다. 불안했던 어제와 평온했던 오늘을 나누는 차이점이 한 가지 있었습니다. 어린아이의 울음소리였습니다. 불안이 극도로 자극되었던 순간은 어린아이의 울음소리를 들었던 때였습니다. 울음소리가 트리거가 된 순간, 집으로 돌아가지 못할지도 모른다는 생각이 들었고, 여섯 살 때 집으로 가는 길을 잃고 패닉 상태에 빠졌던 기억이 저를 덮친 것입니다.

상처 입은 내면아이가 보내는 신호

우리는 어린 시절을 모두 다 기억하지는 못합니다. 일부만을 기억할 뿐이고 이 기억조차 정확한 사실은 아닙니다. 교묘하게 편집되고 왜곡된 것이지요. 기억을 왜곡시키는 강력한 필터는 '감정'입니다. 개에게 물렸던 기억이 있는 사람은 개를 무서워합니다. 물에 빠져 죽을 뻔한 사람은 물을 무서워하지요. 분명히 그때의 어린아이가 아닌데도 공포감이 여전히 남아 있기 때문입니다. 이렇듯 현실은 감정에 의해 왜곡된 채 기억으로 저장되고, 저장된 기억은 다른 생각과 감정으로 포장되어 전혀 다른 일이 되기도 합니다. 과거와 달라진 현실을 있는 그대로 보지 못하고 이중삼중 필터가 덧붙여진 채 경험하는 것이지요.

지숙 씨는 이혼 후, 1년 넘게 수면장애로 힘들어하고 있었습니다. 지숙 씨를 괴롭히는 기억 속에는 엄마의 '가시 같은 말들'이 유난히 많이 박혀 있었습니다. 어린 지숙이 엄마에게 관심을 받으려는 시도는 번번이 무시당했고 심지어 친척들 앞에서 웃음거리가 되기도 했습니다.

"내가 너 같은 걸 왜 낳았는지 모르겠다! 엄마한테 이 말을 들을 때마다 차가운 물 속에 처박히는 것 같았어요. 몸에 냉기가 배어 있는 것 같아요. 너무 서럽고, 너무 힘들어요."

열 살 무렵 부부 싸움을 크게 하고 한 달 동안 엄마가 집을 나갔던 일은 커다란 상처로 남아 있었습니다. 그 기간 동안 아버지가 사고로 돌아가시고, 소식을 들은 엄마가 부랴부랴 돌아왔지만 '부모에게 버림받았다는 생각'은 어른이 된 후에도 지숙 씨를 괴롭혔습니다. 이 핵심 신념은 이혼으로 극대화되었고, 다른 관계에도 커다란 영향을 미치고 있었습니다. 어린 시절 정서적으로 돌봄을 받지 못한 기억은 타인과 정서적으로 적당한 거리를 두는 일을 어렵게 했습니다. 언제 다가서고 언제 물러설지 가늠하기가 어려웠지요.

지숙 씨의 유일한 위안은 시를 읽는 일이었습니다. 종종 자신이

쓴 자작시를 가져오곤 했는데, 저도 좋은 시를 발견하면 따로 써두었다가 지숙 씨에게 들려주곤 했습니다. 그중에서 지숙 씨의 눈물을 흠뻑 쏟게 만든 시가 있었습니다. 문정희 시인의 시집 《양귀비꽃 머리에 꽂고》에 실린 <나무학교>라는 시였는데요. 저는 지금도 지숙 씨의 진짜 심리상담가는 시였다고 생각합니다. 그 시에서 지숙 씨는 "나이에 관한 한 나무에게 배우기로 했다. 그냥 속에다 새기기로 했다"는 문장에서 눈물을 뚝뚝 흘리며 울었습니다.

"나이는 겉으로 먹는 건 줄 알았는데, 나무는 안으로 먹네요. 나이테가 나이잖아요."

시를 다 듣고 나서 지숙 씨는 이렇게 말했습니다. 그런데 그날은 시간이 다 되어 무엇에 자극을 받아 눈물이 났던 건지 이유를 듣지 못하고, 다음 회기 때 물었습니다.

"내 안의 작은 지숙이를 안아주지 못해서 슬펐어요. 나이테처럼 안아주면 될 걸. 그냥 나무처럼 품어줄 걸. 그게 뭐 어렵다고 여태 안 해줬을까 싶더라고요."

드디어 지숙 씨가 자신 안에 웅크리고 있는 '어린 지숙이'에게 처음 다가가서 손을 내밀게 된 것이었습니다. 지숙 씨는 그동안 자신이 몸만 어른이었지 정서적으로는 아이와 같았다고 고백했습니다. 부모를 대신할 누군가의 보살핌에 목말라했기에 스쳐 지나가는 작은 친절에도 지나치게 감격했으며, 돌아서면 잊어버릴 만한 소소한 비난에도 휘청거렸다는 걸요. 그날부터 지숙 씨는 매일매일 자신의 내면아이와 만나는 시간을 가졌습니다. 마음속 아이가 어떤 모습이냐는 질문에 등을 돌리고 웅크린 채 소리도 못 내고 울고 있다고 했습니다.

어른인 지숙 씨는 어린 지숙을 향해 다정하게 안부를 물었고 슬픈 날엔 편지를 썼습니다. 과거의 힘든 기억을 글로 옮기며 어린 지숙이가 어떤 말을 하고 싶었는지 귀를 기울였습니다. 울어야 할 때 마음껏 울고, 웃어야 할 때 실컷 웃었습니다. 1년 가까이 자신의 내면아이를 돌보는 시간을 가지며 어린 시절을 간직하면서도 서러워하지 않는 법을 배웠지요. 엄마와도 항상 힘들었던 건 아니며, 자신을 지키고 보호하며 헌신했던 모습이 있었다는 사실을 기억했습니다. 내면아이 작업이 거의 마무리되던 시점에 지숙 씨는 가족과 소풍 갔던 날을 떠올렸습니다. 그림 속의 어린 지숙이가 한 손은 엄마 손을, 또 다른 손은 아빠 손을 잡은 채 환하게 웃고 있었습니다. 보기만 해도 웃음이 저절로 나오는 그림이었습니다.

지금도 문정희 시인의 <나무학교>를 종종 읽어봅니다. 그리고 지숙 씨를 생각합니다. 살아온 모든 시절을 속에 품은 채 어른이 된 지숙 씨는 작년보다 올해, 한층 더 울창해지겠지요. 올해보다 내년, 내년보다 내후년에 더욱더 울창해지겠지요. 어린 시절의 눈물과 웃음, 기쁨과 서러움, 행복과 아픔까지 전부 간직한 어른이 되어 말입니다.

상처를 무늬로 바꾸는 한마디

수많은 장소에서 다양한 길을 걷다 보면 '반드시' 만나게 되는 것이 있습니다. 크고 작은 금입니다. 깨지고 갈라진 틈새는 그 길 위로 그만큼 많은 사람이 오갔다는 의미이고, 그만큼 그 길 위에서 많은 일이 있었다는 뜻이지요. 그래도 길은 굳건하게 이어집니다. 우리도 살면서 마음에 금이 생기는 일을 많이 겪습니다. 말로, 행동으로, 눈빛으로 받은 '상처'는 관계에서 물러나고 세상에서 등 돌리고 싶을 만큼 나를 아프게 합니다. 하지만 수많은 금이 길을 지우지 못하듯, 마음의 상처가 우리 삶을 망치진 못합니다. 상처 때문에 힘들어도, 상처에 사로잡혀 살 이유가 없는 것이지요.

일본 전통 공예 중에 '킨츠기金継ぎ'라는 것이 있습니다. 그릇에 금이 가거나 깨진 경우 그 부분을 숨기기보다 오히려 그릇의 일부로 받아들이는 정신을 바탕으로 하고 있지요. 깨지고 금이 간 부분을 천연재료인 옻으로 붙인 후 그 이음새에 금 또는 은과 같은 귀한 재료를 더해 재탄생시키는 작업입니다. 금을 따라 독특한 문양이 생기면서 깨지기 전보다 더 아름다운 예술 작품으로 만들어지기도 합니다. 킨츠기 작품을 처음 보았을 때, 상담을 통해 만났던 내담자들이 떠올랐습니다. 아름답게 빛나는 킨츠기 작품들은 처음엔 깨진 마음을 안고 오지만 내면을 탐색하는 시간을 거쳐 아름답고 당당하게 변모해가던 그들의 모습 그 자체였지요. 금은 더 이상 상처가 아

니었습니다. 오히려 개성을 돋보이게 하는 무늬였습니다.

과거의 상처로 잠 못 드는 밤을 보내시나요? 누군가의 말 한마디가 가슴에 박혀 뽑히지 않나요? 피가 흐르는 채로 그냥 두지 말고 상처에 약을 바르고 아픈 곳을 쓰다듬어주세요. 위로가 되는 말을 해주세요. 힘이 되는 말을 해주세요. 상처를 무늬로 바꾸는 말을 해주세요.

"그때의 나는 최선을 다했어."

"그 일이 있었어도 나는 여전히 괜찮은 사람이야."

"나는 사건의 희생자가 아니라 생존자야."

우리는 과거에 상처를 받았습니다. 그 사실을 외면하진 않을 겁니다. 상처받았음을 인정합니다. 그러나 그 일을 잘 이겨낸 나도 인정해주세요. 그 일을 겪기 전보다 훨씬 더 단단해졌다는 것을 알아주세요. 우리는 마음에 금이 잔뜩 간 사람이 아니라, 마음에 멋진 무늬를 만든 사람입니다. 과거의 시간에 붙잡힌 사람이 아니라 현재의 시간을 열어가는 사람입니다. 니체의 말대로 우리를 죽이지 못한 것은 우리를 강하게 할 뿐입니다.

내면 성장 글쓰기 ③

○ 어린 시절에 겪은 일 중에서 지금도 나를 힘들게 하는 기억이
  있나요?

○ 상처받은 나에게 해주고 싶은 한마디는 무엇인가요?

싫은 사람을 반드시

만나게 되는 이유

사람마다 생각이 다른 이유는 세상을 바라보는 틀이 다르기 때문입니다. 우리는 살아온 배경에 따라 형성된, 형태도 색깔도 제각각인 마음의 안경을 쓰고 살아갑니다. 안경을 안경이라고 인식하지 못하면 내가 보는 것만이 진실이라고 생각하게 마련입니다. 그러니 내가 쓰고 있는 안경을 '객관적으로' 점검해보는 일은 중요합니다. 특히 갈등 상황에선 더더욱 중요하지요. 대개 상대를 탓하지만, 사실 절반의 책임은 나에게도 있습니다. 내가 가진 틀로 그 사람을 보는 것이니까요. 성숙함은 '내가 너와 다른 안경을 쓰고 있다'는 걸 인정하는 정도에 따라 달라집니다.

경아 씨는 어디를 가나 싫은 사람을 꼭 만난다고 했습니다.

"지난번 직장에선 팀장 때문에 진짜 힘들었어요."

"어떤 점이 특히 힘드셨나요?"

"자기만 아는 이기적인 사람이었거든요. 너무 얄미운 거 있죠?"

"회사를 옮길 정도로 힘들었다고 했는데 그 팀장과 큰 갈등을 겪은 사건이 있었나요?"

"사건이라고 부를 만한 건 없었지만, 꼴 보기 싫어서요."

"이직을 할 만큼 꼴 보기 싫은 일이 무엇일까요?"

대화를 나눌수록 경아 씨가 불평불만을 습관처럼 말한다는 인상을 받았습니다. 자신의 입장이 더 중요해서 상대의 입장을 헤아릴 여유가 없어 보였지요. 게다가 상담비를 결제하거나 상담 시간을 정할 때도 자신이 하고 싶은 대로 하려고 고집을 부리곤 했습니다. 그런 점이 제게는 경아 씨가 꼴 보기 싫다던 그 팀장을 떠올리게 했지요. 라포(상담자와 내담자 사이의 신뢰감)가 형성되고 어느 정도 작업을 할 수 있을 만큼 무르익었다고 생각했을 때, 마침 경아 씨가 이기적인 친구에 대한 불평을 늘어놓았습니다. 그 순간을 놓치지 않고 발견했던 걸 이야기해주었습니다.

"제가 이 친구를 닮았다고요?"

"네. 예전에 말씀하신 팀장님도 닮았고요."

경아 씨는 충격을 받은 것 같았습니다. 어디가 닮았느냐는 말도 못 하고 입을 꾹 닫아버렸으니까요. 귀가 빨갛게 물든 걸 보니 내면에서 무언가를 느낀 것 같았습니다.

내 안에 없는 건 나를 자극하지 않는다

경아 씨처럼 우리도 싫어하는 사람을 어디선가 꼭 만나게 됩니다. 피해서 살 수 있으면 좋으련만 '반드시'라고 해도 좋을 정도로 부딪치게 되지요. 왜 그런 걸까요? 세상이 나를 골탕 먹이려고 작정해서일까요? 정서적으로 강한 역동이 일어날 정도로 누군가가 싫다고 생각되는 이유는 나에게도 그런 부분이 있기 때문입니다. 내가 너무나 싫어하는 타인의 모습이 내 안에 있다니, 충격인가요?

우리는 세상을 살아가면서 다양한 역할을 맡습니다. 친구, 동생, 선배, 후배, 선생, 제자, 사장처럼 관계나 지위와 관련된 것이기도 하고 '좋은 사람', '책임감 있는 사람', '창조적인 사람'처럼 가치가 부여된 것일 때도 있습니다. 역할은 일종의 가면과 같습니다. 심리학 용어로는 '페르소나Persona'라고 하는데, 그리스어로 '가면'이라는 뜻입니다. 페르소나는 주로 타인과 세상이 원하는 역할에 맞춰져 있습니다. 자신의 페르소나를 자신이 원하는 것인 줄 알고 살아가기도 하지요. 그러나 페르소나는 말 그대로 가면입니다. 가면의 이면이 있다는 걸 잊어버리고 겉으로 드러내고 싶은 면만 보여주면 반대쪽 인격이 억압되어 무의식 속으로 사라집니다. 그러나 겉으로 보이지 않는다고 해서 없어지는 건 아닙니다. 자신이 억압한 부분을 가진 사람을 만날 때 격렬한 감정을 느끼게 되지요. 그토록 쫓아내려고 애쓴 문제아가 떡 하니, 눈앞에 나타났으니까요. 이것을 '투사Projection'라고 합니다. 투사는 쉽게 말하면 내 안에 있는 걸 타인의 것으로 치부하는 심리적 반응이지요.

페르소나가 지나치게 강할 경우, 자신의 무의식에 억압된 측면을 갖고 있는 타인을 만날 때 투사가 일어납니다. 예를 들어 자신을 꼭 필요한 말만 하는 사람이라고 여기며 수다쟁이를 굉장히 싫어한다면, 무의식적으로 하고 싶은 말을 참으며 억눌러왔을 수 있습니다. 그러니 자기가 하고 싶은 말을 실컷 다 하는 사람이 미울 수밖에 없겠지요. 부지런한 사람은 게으른 사람을 싫어하고, 주변을 잘 챙기는 사람은 인색한 사람을 싫어하지요. 한 면이 지나치게 두드러질 경우 반대 측면은 의식에서 받아들여지지 못하고 무의식에 억압되어 있다고 보면 됩니다.

투사로 인한 갈등을 줄이려면 자신의 페르소나를 탐색해보는 게 좋습니다. 내가 어떤 역할에 심취되어 있는지 탐색하다 보면 깜짝 놀랄 겁니다. 내가 싫어하는 사람과 갈등을 겪다가 상처를 받은 적이 있나요? 또는 믿었던 사람에게 배신당해서 사람을 믿지 못하게 된 적은요? 충분히 일어날 수 있는 일인지 객관적으로 상황을 살펴보되, 그들에게 무엇을 투사하고 있는지 차분히 바라보세요. 투사가 줄어들면, 사람과의 관계도 한층 편안해집니다. 무엇보다 사람을 볼 때 불편한 생각이 줄어드니, 내 마음이 온화해지지요.

한 가지 더 말씀드리면, 투사에 부정적인 측면만 있는 건 아니라는 점입니다. 내가 이루지 못한 꿈을 실현하고 있거나 나에겐 없는 매력을 가진 사람에게 푹 빠질 때가 있지 않던가요? 그들을 동경하고 사랑하는 마음으로 지켜보는 걸 넘어 그들처럼 되고 싶고, 그들처럼 행동하고 싶어지기도 합니다. 연인을 향한 사랑이든 스타를 향한 덕질이든 내가 열광적으로 좋아하는 것은 '타인'이라는 거울을 통해 '내 안의 무언가'를 보는 일입니다.

그들을 좋아하는 이유가 무엇인가요? 다정함, 지혜로움, 용기, 창조성, 유머 감각, 담대함, 쾌활함, 끈기 등 수많은 장점 중에서도 유난히 부럽거나 닮고 싶은 점이 있다면 이미 그것이 내 안에 있다는 뜻입니다. 즉, 자신이 가진 훌륭한 점을 타인에게 투사하고 있는 것이지요. 정신분석가 로버트 A. 존슨Robert A. Johnson은 "일반적으로 우리는 투사를 통해 다음 단계의 성장 과제를 인식하게 되고, 이런 방식으로 발달이 이루어진다. 오늘 영웅시한 것이 내일이면 자기 성격이 되는 것이다"라고 했습니다.

투사는 내가 억압하고 있는 게 무엇인지 부끄러울 만큼 아프게 알려주지만, 다른 한편으로는 내가 어떤 욕구와 잠재력을 갖고 있는지 보여줍니다. 타인의 좋은 점을 깨닫는 것은 내 안의 숨겨진 빛을 찾는 일이며, 내면의 잠재력을 발굴하는 일입니다. 타인을 볼 때 어떤 부분이 부러운지, 어떤 점을 좋아하는지 유심히 관찰해보세요. 바로 그 부분이 내가 성장하고 장점으로 만들어야 할 부분이니까요. 그리고 이것을 능력으로 만들어가는 일은 전적으로 자신에게 달려 있습니다.

투사가 일으키는 갈등을 줄이는 법

누군가를 강렬하게 미워하거나 싫어하는 생각에 빠져 있을 때 투사하고 있음을 알아채지 못하면 '그 사람을 싫어하는 마음'과 동일시됩니다. 내가 아니라 그 사람에게 문제가 있다고만 여겨 싫은 면만 생각하고, 불쾌한 감정을 키우며, 갈등을 유발하는 행동을 하지요. 이런 악순환에서 벗어나려면 어떻게 해야 할까요? 자신이 어떤 안경을 쓰고 그 사람을 바라보고 있는지 알아봐야 합니다. 거울에 비친 자신을 바라보는 듯 생각을 바라보는 것이지요.

생각에 관한 생각, 즉 생각을 객관화해서 바라보는 능력을 '메타인지'라고 하는데요. 특별한 사람만 갖고 있는 게 아니라 누구나 갖고 태어나는 천부적인 능력입니다. 이 능력을 조금만 키워도 투사가 줄어들고 사람을 바라보는 관점이 넓어집니다. 그렇다면 구체적으로 어떤 연습을 하면 좋을까요?

첫 번째는 마음 그릇을 키우는 것입니다. 간장 종지와 항아리를 생각해보세요. 내 마음 그릇이 간장 종지만큼 작다면 타인을 품을 수 있을까요? 아무리 좋은 사람도 단점이 한두 개씩은 있기 마련입니다. 그런데 마음 그릇이 작으면 작은 갈등에도 속이 뒤집어져서 참기 어려워질 겁니다. 반면 내 마음 그릇이 속 깊은 항아리라면 타인의 부족한 점도 넉넉하게 품어줄 수 있지 않을까요? 된장, 고추장이 항아리 안에서 발효되어 더 깊은 맛을 내듯, 시간이 지날수록 무르익는 관계를 만들어낼 수 있을 겁니다.

두 번째는 시선을 멀리 두는 것입니다. 당장의 일에만 사로잡히지 않고, 크고 넓게 보는 연습이지요. 눈을 손바닥에 바짝 대면 앞이 잘 보이지 않습니다. 그러나 손을 눈에서 떨어트리면 손가락 하나하나까지 잘 보입니다. 눈앞의 걱정에만 매몰되면 인생의 비전과 꿈을 세우기 어렵습니다. 타인을 미워하고 비방하는 데 온통 시간을 뺏기느라 정작 내가 할 일에 집중하지 못하고 싶진 않겠지요?

내가 가는 길에 방해가 되는 사람이 나타난다고 해도, '그 사람 때문에 하고 싶은 일을 못 했다'는 말은 대부분 핑계에 불과합니다. "먼 곳을 갈 때 우리의 발걸음을 멈추는 것은 커다란 산이 아니라 신발 안의 작은 모래 알갱이다"라는 말이 있습니다. 타인(외부)이 문제가 아니라 타인에 대한 투사(내면)가 문제인 셈이지요. 그러니 밉고 싫은 타인이 나타날 때마다 내가 무엇을 억압하고 있는지, 나의 어떤 면을 상대에게 투사하고 있는지 탐색해보시기 바랍니다. 자신에 대해 깊이 이해하는 것은 물론 삶에도 새로운 지평이 열릴 테니까요.

내면 성장 글쓰기 ④

○ 내가 좋아하는 사람 세 명을 떠올린 후, 그들의 공통점을 찾
아봅니다.

○ 내가 싫어하는 사람 세 명을 떠올린 후, 그들의 공통점을 찾
아봅니다.

상실과 이별의 아픔에서

벗어나는 법

우리는 살아가는 동안 다양한 일들을 경험합니다. 만남을 통해 친밀한 관계를 맺으며 기쁨과 행복을 느끼기도 하지만 헤어짐을 겪으며 쓰라린 아픔을 겪기도 하지요. 임종을 앞둔 사람들을 만나면서 인생의 중요한 통찰을 얻었던 정신과 의사 엘리자베스 퀴블러 로스Elizabeth Kübler-Ross는 이런 말을 했습니다.

"인생이라는 학교에서 배워야 할 것은 두 가지다. 하나는 사랑이고, 하나는 상실이다."

동서고금을 막론하고 가장 많이 이야기된 단어가 있다면 바로 사랑이 아닐까요? 사랑을 주제로 하는 영화와 드라마, 소설 등이 셀 수 없이 많은데도 여전히 사랑은 첫 손에 꼽힐 만큼 핫한 주제입니다. 그런데 사랑에 대해 우리가 말할 때 빼놓을 수 없는 것이 또 하나 있습니다. 바로 이별과 상실입니다. 사랑이 빛이라면 이별과 상실은 그에 대한 그림자와 같다고나 할까요. 이별로 인한 상실감은 사랑에 대해 우리가 '치르는 값'이라고도 하지요. 사랑하는 대상은 가족, 친구, 동료일 수도 있고 반려동물일 수도 있습니다. 상실의 대상이 생명을 가진 존재에만 국한되는 건 아닙니다. 이직, 이사, 졸업, 신체 기능, 물건, 기억 등 애착을 느꼈던 대상이거나 삶의 일부라고 느꼈던 건 무엇이든 이별하는 과정에서 상실감을 느낍니다.

우리가 사랑하는 대상을 상실했을 때 생기는 심리적 반응을 '애도'라고 합니다. 저는 2013년부터 마음애터협동조합에서 애도 전문 상담가이신 양준석 선생님과 함께 '상실치유 애도 집단상담'을 진행해오고 있습니다. 다양한 상실을 경험한 분들과 만나서 이야기를 듣노라면, '삶이란 그야말로 상실의 연대기구나'라는 생각이 저절로 듭니다. 상실과 애도에 대한 작업이 중요하다는 걸 실감하지요.

우리는 모두 '애도하는 사람'입니다. 살면서 상실을 경험하지 않는 사람은 없으니까요. 크던 작던 우리는 상실을 겪었고, 자신만의 방식으로 애도를 해왔습니다. 여러분은 자신의 상실을 어떻게 바라보고, 어떤 애도 작업을 해오셨나요?

애도는 사건이 아닌 여정이다

사랑하는 사람의 사별은 수많은 이별의 종류 중에서도 커다란 충격을 동반합니다. 내 삶의 일부를 상실한 후에 오는 외로움, 괴로움 등을 경험하는 심리적 과정이기에 애도의 형태는 사람마다 다르고 시기도 다릅니다. 누군가는 정서적으로 폭발적인 고통을 드러내기도 하지만, 누군가는 눈물 한 방울 흘리지 않는 덤덤함을 보이기도 합니다. 애도 작업을 할 때 중요하게 여기는 것이 '감정을 표현하는 일'입니다. 충분히 자신에게 필요한 만큼 느끼고 표현하라고 하지요. 30분 동안 울어야 할 일을 3분 안에 끝내지 말라고 말입니다.

예측하지 못했던 갑작스러운 이별 혹은 사별의 경우 애도 과정은 한층 복잡합니다. 고인의 죽음을 받아들이는 과정 자체가 굉장히 어려운 일이 되기도 하지요. 암으로 죽은 가족의 죽음을 받아들이는 사람과 자살 유가족이 느끼는 마음은 다릅니다. 국가폭력으로 가족을 잃은 사람과 개인의 범죄에 희생당한 사람의 마음 또한 다르지요. 그래서 상실의 슬픔을 겪는 사람이 어떤 심리적 토대 위에 서 있는지 이해하기 전에는 섣부른 말 한마디도 조심하게 됩니다.

애도는 하나의 '사건'이라기보다 '여정'에 가깝습니다. 한 번의 이벤트로 끝나는 게 아니라 살아가는 동안 계속되는 과정이지요. 사랑하는 대상의 부재를 인정하는 일은 애도 작업에서 중요한 일이지만, 이것이 망각이나 단절을 의미하는 건 아닙니다. 오히려 다시 기억하는 과정이고 고인과의 관계를 재배치하는 일이지요. 그래서 언제 애도가 끝나느냐고 묻는다면, 오히려 이렇게 반문하게 됩니다.

"과연 애도에 끝이 있나요?"

사랑하는 대상을 두 번 다시 만날 수 없다는 것, 그 상실을 경험한 사람은 결코 이전의 세상으로 돌아가지 못합니다. 그 대상이 대체할 수 없는 유일한 존재였기 때문입니다. 그 마음을 헤아려보는 것이 타인의 애도에 대한 예의가 아닐까 싶습니다.

애도하는 글쓰기

애도 작업을 할 때 방식이나 순서가 특별히 정해져 있는 건 아닙니다. 상실은 보편적으로 일어나는 일이지만, 상실에 대한 반응은 사람마다 다르니까요. 애도 작업으로 제가 주로 권하는 방법은 글쓰기입니다. 준비물은 노트와 펜입니다. 자신이 쓰기 편한 노트와 펜이라면 어떤 거든 괜찮습니다. 당장 노트가 집에 없다면 글을 쓸 수 있는 낱장 종이를 이용하셔도 좋습니다. 글쓰기 시간은 자유롭게 가지되, 기진맥진할 정도로 오래 쓰는 일은 권하지 않습니다. 순서대로 하면 도움이 되지만, 지키지 않아도 괜찮습니다. 이 중에서 한두 개를 골라 쓰셔도 되고, 유난히 와닿는 질문의 경우, 몇 번씩 반복해서 써도 됩니다.

0. 준비

종이와 펜을 들고 글을 쓰기에 적당한, 조용하고 안전한 장소에 머뭅니다. 가능하다면 소음이 적고 따뜻한 곳이 좋습니다. 카페나 도서관처럼 개방된 곳보다는 글을 쓰는 도중 울음이 터져도 마음껏 눈물을 흘릴 수 있는 곳이 더 좋습니다.

1. 애도하고 싶은 대상은 누구입니까?

애도하고 싶은 대상을 정합니다. 그의 음성, 그의 모습, 그와의 추억을 천천히 생각합니다. 자신의 과거를 애도하고 싶다면, 애도하고 싶은 그 사건 속의 내 모습을 떠올립니다. 천천히 호흡을 하면서 대상에 집중합니다. 그리고 종이에 대상의 이름과 나와의 관계를 씁니다.

2. 그는 나에게 어떤 존재였습니까?

그는 나에게 어떤 존재였고, 어떤 의미였는지 글로 씁니다. 이때, 감정이 북받치면 북받치는 대로 마음껏 허용합니다. 어떤 감정도 억제할 필요가 없습니다. 애도 과정에서 느껴지는 감정은 모두 정당하며, 그것을 느끼고 표현하는 것 자체가 중요한 작업입니다.

3. 그와 어떻게 이별했습니까?

그와 작별했던 마지막 날의 모습을 글로 씁니다. 사별한 경우 임종을 지켰다면 그날의 분위기가 어땠는지, 옆에 누가 있었는지, 내가 한 말은 무엇이었는지 등 기억나는 대로 천천히 써내려갑니다. 임종을 지키지 못했다면 고인의 죽음을 알게 된 상황을 씁니다. 사별이 아니라 이별한 경우라면, 마지막 이별을 하던 날의 일을 씁니다.

4. 그는 어떤 삶을 살았습니까?

슬픔 속에만 빠져 있을 경우 그가 이 세상에 존재했었다는 사실을 잊어버리기도 합니다. 특히 자살이나 사고사 같은 갑작스러운 죽음의 경우 충격에서 헤어나기 힘들지요. 그러나 그에게는 분명 빛나는 삶이 있었고, 가슴에 품은 꿈이 있었습니다. 마지막 순간만 기억하는 건 그와 내 삶을 삭제하는 것과 같습니다. 애도는 그를 잊어버리기 위해서가 아니라 다시 기억하기 위해서, 관계를 끊기 위해서가 아니라 다시 맺기 위해서 하는 것입니다.

5. 그가 남긴 심리적 유산은 무엇입니까?

모든 관계는 의미를 남깁니다. 그와의 추억을 되살려보며 그가 나에게 남겨준 심리적 유산을 써봅니다. 그것은 나에게 힘이 되는 말일 수도 있고, 내 삶의 지표가 되는 태도일 수도 있습니다. 여전히 나에게 영향을 미치고 있는 것일 수도 있고, 일상에 남아 있는 좋은 습관일 수도 있지요. 그가 남겨준 것을 어떻게 받아들이고 있는지 글로 씁니다.

6. 나는 앞으로 어떻게 살아가고 싶습니까?

애도 작업을 잘 마무리하면 내 삶에 어떤 변화가 생길 것 같은지 써봅니다. 가보고 싶은 장소가 있다면 그곳에 대해 써도 좋고, 만나고 싶은 사람이 있다면 그에 대해 써도 좋습니다. 애도하고 싶은 대상에 대해 아직 못 다한 이야기가 남았다면 충분히 더 써도 됩니다. 마음 가는 대로 생각나는 대로 손이 움직이는 대로 마음껏 글로 써보세요.

삶이 여행이라면 우리는 여행자입니다. 함께할 때가 있다면, 헤어질 때도 있지요. 내가 사랑했던 그는 비록 나와 헤어졌지만, 지금도 여전히 자신만의 여행을 계속하고 있는지도 모릅니다. 그가 마지막에 어떤 모습이었든 그가 살아가는 동안 누군가로부터 사랑받았고, 누군가를 사랑했다는 사실엔 변함이 없습니다. 그리고 나 또한 언젠가 때가 되면 사랑하는 이들을 두고 떠날 때가 오겠지요. 이번 생을 졸업하고 나면 어디로 갈지 모릅니다. 다만, 그날이 오기까지 여행을 계속할 뿐입니다.

내면 성장 글쓰기 ⑤

○ 삶에서 겪은 상실을 순서대로 적으며 '상실 그래프'를 그려봅니다. 종이 가운데에 옆으로 길게 선을 긋습니다. 맨 왼쪽에는 0세, 맨 오른쪽에는 현재 나이를 적습니다. 기억나는 상실 사건을 적고 괄호 안에 그 일을 겪은 나이를 씁니다. 상실의 크기가 클수록 막대그래프의 길이도 길게 그립니다.

상실 그래프 예시

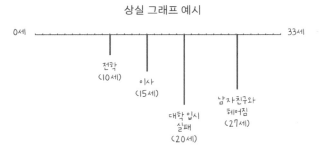

나의 상실 그래프

0세 ——————————————————————— ___세

○ 그래프에 표시한 상실 사건 중에서 현재까지 나에게 영향을 미치는 일은 무엇인가요?

내 마음이 바뀌면

_____

_____

모든 게 달라진다

만약 다른 삶을 살 수 있는 기회가 주어진다면 여러분은 어떤 삶을 선택하고 싶나요? 현재의 기억을 간직한 채 과거로 회귀하거나, 영혼은 그대로인데 다른 육체로 환생하는 이야기는 소설이나 드라마에서도 자주 쓰이는 소재입니다. 최근 읽은《미드나잇 라이브러리》라는 소설도 이런 소재였는데요. 심리학적으로 중요한 통찰을 전하고 있어서 같이 나눠볼까 합니다.

주인공 노라 시드는 절망에 빠져 죽음을 바라던 순간, 시간이 자정에 멈춰 있는 도서관에서 깨어납니다. 도서관에 꽂혀 있는 수많은 책은 노라가 원했던 삶이기도 하고, 다시 살 수 있는 삶이기도 합니다. 죽기 직전에만 열리는 마법의 도서관에서 두 번째 삶을 살 수 있는 기회를 만난 노라! 그녀는 과연 어떤 선택을 했을까요?

노라는 자신이 할 수 있었던, 그러나 하지 않았던 선택의 순간으로 돌아가 삶을 다시 살게 됩니다. 그런데 참 이상한 일이지요. 그렇게 간절히 원했던 삶이었는데 정작 '그때'가 현재가 되니 자신이 원하던 것이었는지 의구심이 생깁니다. 이후 노라는 도서관으로 돌아와 '다시 선택하기'를 반복합니다. 원하는 건 무엇이든 될 수 있다는 걸 증명하듯, 과거로 돌아가 새롭게 살아가는 것뿐만 아니라 타인의 삶을 살아보기도 하지요.

그러나 노라는 셀 수 없이 많은 삶을 통해 헤아릴 수 없이 많은 경험을 하면서도 번번이 도서관으로 돌아오고 맙니다. 너무나 완벽하고 만족스러워서 이대로 살고 싶다고 생각했던 삶에서도 끝내 머물지 못하고 말이지요. 미시적으로 들여다보면 노라는 다양한 삶을 살았지만, 거시적으로 바라보면 하나의 삶을 산 듯 보입니다. 어떤 삶은 지루했고, 어떤 삶은 모험으로 가득 찼고, 어떤 삶은 궁핍했고, 어떤 삶은 부유했지만 그 모든 삶에서 희로애락을 느꼈고, 탄생과 죽음을 목격했으며, 실수와 실패를 경험했고, 기쁨과 행복을 맛보았으니까요.

수없이 많은 삶을 통과하며 노라가 알게 된 것은 무엇일까요? 현재의 삶이 진짜 내 삶이고, 가장 가치 있고 소중하다는 것입니다. 이것을 깨달았을 때 도서관은 붕괴되고 노라는 죽음 직전의 순간으로 다시 돌아옵니다. 노라가 정말 돌아와야 했던 삶이자 다시 살 수 있는 기회인 바로 그 순간으로 말입니다.

　노라가 현재의 삶으로 돌아왔을 때 상황은 변한 게 없었습니다. 실직 상태였고, 가난했고, 마음을 주고받을 친구도 없었지요. 그렇게 많은 인생이 주어졌는데 결국 다시 돌아온 곳이 변한 것 하나 없는 현재의 삶이라니! 노라는 다시금 절망했을까요? 이것이 의미하는 바는 분명해 보입니다. 변화의 주체는 바로 '나 자신'이라는 것입니다.

　예전의 노라는 자신을 탓하거나, 타인을 탓하거나, 환경을 탓하며 '자신이 할 수 있는 건 아무것도 없고, 어쩔 수 없다'는 자책감과 무력감에 빠져 있었습니다. 그러면서도 막연히 상황이 달라지길 바랐지요. 그러나 자신이 변하지 않으면 아무것도 변하지 않습니다. 노라가 한밤의 도서관에서 배워야 했던 점도 바로 이것이었지요. 상황을 변화시킬 힘이 자신에게 있음을 깨달았기에 노라는 죽음의 순간, 다시 살 수 있는 기회를 잡을 수 있었습니다. 그리고 노라는 그 순간부터 예전과는 전혀 다른 삶을 살게 됩니다. 심리적 죽음을 경험하고 재탄생한 것입니다.

　우리는 삶에서 많은 조력자를 만납니다. 도움을 받을 수는 있지만 결정적으로 움직여야 하는 사람은 나 자신이지요. 목이 말라서 물을 먹고 싶을 때 다른 사람이 물을 줄 수는 있지만, 그 물을 직접 마셔야 하는 사람은 자신이니까요. 도움을 받을 수 있는 부분과 직접 해결해야 하는 부분은 다릅니다. 눈앞에 물이 있는데도 손을 뻗어 입으로 가져가 목 안으로 넘기지 않으면 갈증은 해소되지 않으니까요. 삶이 엉망진창이라고 느낄 때, 나를 구원해줄 타인을 바라던 마음을 나 자신에게로 돌리는 것, 노라가 우리에게 알려주는 통찰입니다.

상황을 변화시킬 힘은 내 안에 있다

우리는 태어날 기회를 두 번 갖는다고 합니다. 첫 번째는 '신체적 탄생'이고, 두 번째는 '심리적 탄생'입니다. 신체적 탄생에는 내가 관여할 수 있는 부분이 적지만, 심리적 탄생에는 나의 의지가 적극적으로 반영됩니다. 과거 어떤 일을 겪었더라도 현재의 나는 내가 책임진다는 의지이지요.

우리가 겪는 삶의 모든 문제를 '개인의 책임'으로 돌린다는 뜻이 아닙니다. 부모 없이 하늘에서 뚝 떨어진 사람은 없으니까요. 우리는 태어난 나라의 사회문화 구조 안에서 살아갑니다. 우리는 우리를 길러준 주 양육자의 태도에서 비롯된 심리적 환경에 직간접적으로 영향을 받아왔습니다. 비록 함께 바꿔나가야 하는 사회적인 문제가 분명히 있고 지난 삶에 대한 아쉬움이 남아 있더라도, 현재 내 삶의 문제를 나 아닌 어떤 것의 탓으로 100퍼센트 돌릴 수는 없습니다.

심리적 탄생은 내 삶을 나의 것으로 온전히 받아들이는 순간에 찾아옵니다. 노라가 죽음 직전, 자정의 도서관에서 겪은 일들이 단지 소설의 이야기에 불과한 것일까요? 우리에게도 기회가 여러 번 주어졌는데, 혹시 놓친 건 아닐까요? 또다시 찾아온 새로운 기회의 순간이 바로 지금 이 순간인 건 아닐까요?

많은 분이 그 기회를 잡고 싶어서 상담실에 옵니다. 그리고 이런 이야기를 합니다.

"상담을 받으면 변하는 게 있을까요? 상황은 그대로인데요."

저는 이 말을 부정하진 않지만 동의하지도 않습니다. 그래서 이렇게 답변하지요.

"상황은 변하지 않을지도 몰라요. 그러나 상황보다 더 중요한 게 변합니다. 바로 자신의 마음이지요."

내 마음을 바꾸면 상황을 다르게 보게 되고, 상황을 다르게 보면 현실을 바꾸는 힘이 생깁니다. 마음을 바꾼다는 건 결국 내가 갖고 있던 기존의 관점, 즉 생각의 틀에서 벗어나 새로운 시각으로 바라본다는 뜻입니다. 과거의 시점으로 돌아가 자신에게 영향을 미친 일들을 탐색하면서 미처 풀지 못하고 남겨진 감정을 다루거나 현재 회피하고 있어서 불안감을 키우는 일들을 직면하고 나면 현재가 확연히 '다르게' 보입니다. 현실이 달라져서가 아니라 현실을 바라보는 내 눈이, 내 마음이, 내 생각이, 내 관점이 달라졌기 때문일 겁니다.

'어떤 일을 경험하면 내가 바뀔 거야, 그런 일이 내 삶에 일어나면 좋겠어.'

혹시 이렇게 믿고 있다면 이 생각이 착각임을 빨리 알아채기 바랍니다. 변화를 만들어내는 주체는 환경이나 타인이 아니라 나 자신이니까요. 변화의 기회는 상황에서 나오기도 하지만, 그 기회를 어떻게 받아들이냐에 따라 달라집니다. 같은 경험을 하고도 삶의 방식을 바꾸는 사람이 있는가 하면, 기존의 방식을 고수하는 사람도 있습니다.

왜 어떤 사람은 변하는데, 어떤 사람은 변하지 않을까요? 이 질문은 오랫동안 제게도 궁금한 점이었습니다. 다른 사람들에게 물어보고, 책을 읽어보고, 제 삶을 탐색하는 과정을 거치면서 조금씩 알게 된 것이 있습니다. 삶의 변화를 위해 할 수 있는 모든 걸 하겠다고 스스로 결정한 사람은 변한다는 사실입니다.

변화는 '다른 선택'에서 시작된다

나를 구원할 구원자는 '나'라는 사실을 받아들이고 나면 '내 삶은 내가 창조하는 이야기'라는 점을 수용하게 됩니다. '창조하는'이라고 현재형을 쓴 이유는 미래는 아무것도 정해진 게 없기 때문이지요. 인생은 정해진 공식대로 답이 나오는 수학 문제가 아닙니다.

무수히 많은 변수가 작용하고, 어떤 선택을 하느냐에 따라 새로운 문이 나타나지요. 그런데도 여전히 자신에게 이런 말을 하고 있진 않나요?

'난 잘하는 게 전혀 없어.'

'난 모든 점이 부족해.'

'난 내세울 게 하나도 없어.'

잘하는 게 전혀 없는 사람도 없고, 모든 점이 부족한 사람도 없으며, 내세울 게 하나도 없는 사람도 없지만, 설령 그렇다 치더라도 이것이 내 삶을 변화시킬 수 없는 이유가 될 수는 없습니다. 다시 한번 말하면 변화는 언제든 가능하지요.

변화의 시작은 다른 선택을 하는 데서 시작됩니다. 앞에서도 말했듯, 자극에 대한 자동반응을 멈추는 것이지요. 그러니 더 좋은 선택을 하는 연습을 해야 합니다. 삶이 한 권의 책이라면, 여러분은 지금 페이지에 무엇을 기록하고 있나요? 혹시 내 삶의 페이지에 내 이야기가 아니라 타인의 이야기만 가득한 건 아닌가요? 그렇더라도 괜찮습니다. 지금부터 다시 쓰면 됩니다. 내 삶을 새로 시작할 수 있는 굿 타이밍은 언제나 '지금 이 순간'이니까요.

내 삶을 살아간다는 건 내 신발을 신는다는 것입니다. 자동반응을 멈추고 진실로 원하는 걸 선택하는 일이자, 내면의 부름에 응답하는 일입니다. 이것을 신화학자 조지프 캠벨Joseph Campbell은 이렇게 표현했습니다.

"Follow your bliss!"

번역을 하면 '지복을 따르라' 또는 '은총을 따르라'라는 뜻인데 저는 '너의 삶을 살아라'라는 의미로 받아들입니다. 자신을 이해하고 자신답게 살아가는 사람은 자신의 삶을 타인에게 넘기거나 오랜 습관의 노예로 살기를 거부합니다. 과거의 부정적인 기억에 자동반응하며 살아가는 것을 멈추고, 지금 이 순간을 선택합니다. 자신만이 쓸 수 있는 인생 스토리를 창조합니다.

여러분은 지금 당신이 쓰고 있는 인생 이야기가 마음에 드시나요? 다시 쓰고 싶은 부분이 있나요? 아직 넘기지 않은 페이지에 어떤 이야기를 쓰고 싶은가요? 혹시 지금까지의 이야기가 마음에 들지 않더라도 너그럽게 자신을 격려해주세요. 인생이라는 책의 페이지는 새롭게 펼쳐지기를 기다리고 있으니까요. 이제 여러분의 차례입니다. 마음에 드는 이야기를 마음껏 써내려가세요. 그 이야기의 주인공은 바로 당신이니까요!

내면 성장 글쓰기 ⑥

○ 내 삶이 한 권의 책이라면 현재 펼쳐진 페이지에 어떤 내용으로 채우겠습니까?

_____

_____

_____

_____

_____

○ 내 삶의 이야기 중에서 다시 쓰고 싶은 부분이 있나요?

_____

_____

_____

_____

_____

1. 의존에서 벗어나 독립하기

어른이 되는 과정에서 필연적으로 만나게 되는 것이 '의존과 독립'의 이슈입니다. 어렸을 때는 부모에게 '의존'하며 살아갈 수밖에 없지만, 성인이 되면 자기 삶을 스스로 선택하고 책임질 줄 아는 '독립적인 존재'로 살아가야 합니다. 이때, 독립이 타인에게 어떤 의존도 하지 않는다는 뜻은 아닙니다. 어떤 사람도 홀로 살아갈 수는 없지요. 나무들이 각자 서 있으면서 함께 숲을 이루듯, 우리도 홀로 서되 타인과 더불어 살아가는 법을 평생에 걸쳐서 배워야 합니다.

2. 상처 입은 내면아이 치유하기

과거의 기억은 때때로 상처로 남기도 합니다. 그때 그 일이 생각나 잠 못 드는 밤을 보내시나요? 누군가의 말 한마디가 가시처럼 박혀 있나요? 피가 흐르는 채로 두지 말고 상처에 약을 바르고 아픈 곳을 쓰다듬어주세요. 과거의 일을 없앨 수는 없지만, 상처를 치료하고 잘 버텨낸 나를 인정하면 훨씬 더 단단해질 수 있습니다. 상처가 무늬로 바뀔 수 있도록 다음과 같이 위로가 되고 힘이 되는 말을 해주세요.

"그때의 나는 최선을 다했어."

"그 일이 있었어도 나는 여전히 괜찮은 사람이야."

"나는 사건의 희생자가 아니라 생존자야."

3. 투사에서 벗어나기

살아가는 동안 우리는 싫어하는 사람을 반드시 만나게 됩니다. 만약 누군가를 향해 참지 못할 정도로 강렬한 감정이 솟구친다면, 잠시 멈춰서 생각해봐야 합니다. 내 안에서 억압한 부분을 그 사람에게 '투사'하는 것이니까요. 이 또한 자동반응 중의 하나입니다. 투사에서 벗어나려면 가장 먼저 내가 무엇을 억압하고 있는지, 나의 어떤 면을 상대에게 발견하고 투사하고 있는지 탐색해보는 게 좋습니다. 내가 '어떤 틀로 그 사람을 바라보고 있는지' 깨달을 때 비로소 그 사람을 싫어하는 마음에서 자유로워질 수 있습니다.

4. 상실에 대해 충분히 애도하기

누구나 살면서 상실을 경험합니다. 사랑하는 대상을 상실했을 때 생기는 심리적 반응을 '애도'라고 하지요. 애도는 상실의 경험을 삶의 일부로 받아들이는 것입니다. 애도의 과정은 사람마다 다릅니다. 상실은 보편적이지만 상실에 대한 반응은 개별적이지요. 또한 애도는 하나의 '사건'이라기보다 '여정'에 가깝습니다. 슬픔을 충분히 느끼며 다양한 감정과 접촉하는 것이 중요합니다. 억지로 잊으려 애쓰지 말고 자신에게 필요한 만큼 시간을 주세요.

내 인생의 주인공으로 살아가자

인기 있는 이야기를 들여다보면 주인공이 있고, 주인공을 방해하는 악당이 나옵니다. 주인공은 어떤 결함을 가진 경우가 많은데 그 결함으로 인해 함정에 빠지곤 합니다. 커다란 위기가 다가오는 순간, 두려움을 느끼면서도 주인공은 조력자들의 도움을 받으며 진실을 향해 나아갑니다. 그리고 선명하게 깨닫게 되지요. 어떤 부분은 홀로 해결해야 한다는 것을요. 그는 자신에게 주어진 일을 하며 자신다운 것이 무엇인지 알게 됩니다. 위기에서 살아남음으로써, 혹은 죽음으로써 자기 삶의 진정한 가치를 깨닫습니다.

주인공에게 위기와 시련은 필수입니다. 어떤 어려움을 어떤 방식으로 어디에서 겪느냐에 따라 재미있는 이야기가 되기도 하고 뻔한 이야기가 되기도 합니다. 우리가 그토록 많은 이야기를 보고 듣고 읽었음에도 새로운 이야기에 열광하는 이유는 바로 이 부분이 다르기 때문입니다. 악당은 좀비이기도 하고, 황제이기도 하고, 악녀이기도 하며, 사람이 아닌 다른 존재이기도 합니다.

또 한 가지, 주인공에게 반드시 주어지는 것이 있습니다. '콤플렉스'입니다. 이것은 출생의 비밀이나 과거의 행적, 잃어버린 기억

일 수도 있고 연인의 죽음, 사업 실패, 또는 열등감, 질투심 등 다양합니다. 주인공의 콤플렉스는 그를 추동하는 동력입니다. 외부 조건과 만나서 폭발적인 사건을 만들어내며 이야기의 저변을 확대하고 깊이를 만들어냅니다.

그런데 어딘가 익숙하지 않나요? 위기를 겪고, 악당과 대항하고, 조력자를 만나고, 콤플렉스에 시달리면서도 자신의 과업을 완수하는 이 모든 과정이 말입니다. 우리의 마음을 끌어당기는 매력적인 이야기는 사실 우리 삶 그 자체입니다. 디테일은 다르지만 뼈대는 같습니다. 세상 모든 이야기의 뼈대를 이루는 구성은 우리 삶의 과정이니까요.

삶은 이야기입니다. 우리는 주인공인 동시에 감독인 셈이지요. 태어나고 죽는다는 설정은 누구 한 사람 어긋남 없이 똑같게 주어집니다. 그러나 탄생과 죽음 사이에 어떤 일을 겪고 어떻게 해결하고 어떤 결말을 만드는지는 각자의 몫입니다. 언제나 행복만 이어지는 이야기도 없고, 영원히 불행만 겪는 이야기도 없습니다. 행복과 불행이 밀물과 썰물처럼 번갈아오지요. 위기 뒤에 평안이 오고, 평화로운 시간 안에 불안의 씨앗이 숨어 있습니다. 이것이야말로 '삶의 조건'이 아닐까요? 그러니 내 삶에 왜 이런 힘든 일이 생겼냐고, 혼자 세상 불행을 다 짊어진 것처럼 생각할 것도 아니고 나에겐 무조건 좋은 일만 생길 거라고 자신할 것도 아닙니다. 우리가 살아있는 이상, 이 모든 것을 골고루 맛볼 수밖에 없으니까요.

수많은 이야기를 보고 듣고 읽으며 삶의 통찰을 얻는 건 유익한 일입니다. 간접적으로 얻은 지혜가 현실에서 힘이 되기도 하니까요. 어떤 이야기로 이 책의 문을 닫을지 집필하는 내내 고민했습니다. 그러다 최근에 우연히 딱 맞는 이야기를 발견했습니다. 네이버 웹툰에 연재되고 있는 <레지나 레나—용서받지 못한 그대에게>입니다.

주인공 레지나 레나는 시간을 멈추는 능력을 갖고 있습니다. 아버지에게 버림받아 망자의 세계에 떨어졌는데, 그곳에서 이 능력을 각성하게 되지요. 웹툰에 이런 장면이 있습니다. 시간을 멈추는 순간 세상도 멈춥니다. 그런데 몸을 움직이면 다시 시간이 흐르고 세상도 움직입니다. 자신에게 칼이 날아옵니다. 칼이 눈을 뚫기 직전 시간을 멈춥니다. 눈앞에 칼끝이 보입니다. 조금이라도 몸을 움직이면 칼날이 얼굴에 박힐 겁니다. 이런 상황에서 무엇을 할 수 있을까요? 주인공은 '생각'을 합니다. 칼날을 마주 보며 살아 나갈 방법을 찾지요. 칼날이 미세하게 오른쪽으로 기울어져 있는 것을 발견합니다.

시간을 멈추는 힘, 이것이 주인공이 가진 진정한 힘이었지요. 시간을 멈추면, 주인공이 움직이기 전까지 세상은 움직이지 않습니다. 틈을 만든 겁니다. 이 칼을 피하려면 어떻게 해야 할까? 주인공은 코앞까지 다가온 단검을 똑바로 바라보며 생각하고 또 생각합니다. 잡으려고 해도 피하려고 해도 자신이 없습니다. 다시 잘 보니 칼의 방향이 왼쪽으로 조금 치우쳐 있습니다. 오른쪽으로 움직이고 왼팔은 내려서 단검이 비껴가게 하면 살아날 것 같습니다. 판단을 내린 후 단검보다 빠르게 그녀는 움직입니다. 칼날이 어깨를 스쳤지만 목숨을 위협할 정도는 아닙니다. 살아남은 주인공은 다시 자신의 세계로 돌아옵니다. 자신을 지워버린 세계로요. 그리고 자신의 방식으로 살아가지요.

기억할 만한 장면 중에서도 저는 이 장면이 유난히 선명하게 남았습니다. 자동반응을 멈추고 대안을 찾아내는 장면이라고 느꼈기 때문일까요. 웹툰 속 인물, 실제로 존재하지 않는 허구의 인물임에도 불구하고 실존 인물인 것처럼 있는 힘껏 그의 앞날을 응원했습니다.

。。。

여러분은 지금, 삶의 어느 부분을 지나는 중인가요? 위기를 겪고 있는 순간인가요? 위험에서 벗어나 한숨 돌리며 감사함을 느끼고 있나요? 모험을 떠날지 현실에 안주할지 고민하고 있나요? 내게 다가온 누군가를 믿어야 할지 의심해야 할지 혼란스럽나요? 하고 있는 일을 계속 해야 할지 다른 일을 찾아야 할지 걱정인가요?

그 이야기가 무엇이든 여러분의 이야기입니다. 그러니 좋든 싫든 힘차게 껴안으세요. 삶 속으로 더 깊이 들어가세요. 머뭇거리지 말고 뛰어드세요. 선택하고 책임지세요. 그렇게 진짜 나의 삶을 창조하세요. 거센 바람도 언젠가는 그치고, 가뭄 끝엔 반드시 단비가 내립니다. 남의 이야기에 연연하지 말고, 내 삶을 사랑하세요. 내 삶의 주인공인 자신에게 자긍심을 가지세요. 삶에 헌신하는 만큼, 삶은 보답합니다. 내면의 부름에 응답하는 자에게 삶은 길을 열어줍니다.

여러분이 어떤 길을 걷더라도, 그 길 끝에서 만나고 싶던 무언가를 만나게 되기를!

Special Thanks

이 책이 나오기까지 많은 분들의 감사함을 입었습니다. 상담실에서 웃고 울며 만남과 성장의 시간을 함께한 내담자분들께 고마운 마음을 전합니다. 한국 상담계의 거목이시자 상담자로서의 태도를 알려주신 장성숙 선생님, 심리상담가의 길로 인도해주시고 버팀목이 되어주신 양준석 선생님, 꿈의 세계로 인도해주신 고혜경 선생님, 삶과 일의 동반자인 마인드페이지의 공동대표 조희진 님, 홍다솜 님, 팟캐스트 '상담맛집'의 든든한 파트너 정미선 님, 원고에 대한 조언을 아낌없이 해주신 심미영 님, 마음애터협동조합의 조합원님들, 선후배님들, 동료들, 친구들, 그리고 가족에게 감사의 마음 전합니다.

원고를 쓰다가 몇 번이나 엎어진 저를 다정함과 끈기로 버텨주신 나의 사랑하는 편집자 이리현 님과 앤의서재 한선화 대표님께 특별한 마음을 전합니다. 이 두 분이야말로 자동반응을 멈추고 더 나은 선택을 할 수 있는 힘이 우리 안에 있다는 사실을 증명해주신 분들입니다.

어른의 감정 수업

초판 1쇄 발행 2023년 3월 30일
초판 4쇄 발행 2023년 12월 25일

지은이	인현진
펴낸이	한선화
기획편집	이리현
디자인	정정은
홍보	김혜진
마케팅	김수진

펴낸곳	앤의서재
출판등록	제2022-000055호
주소	서울 서대문구 연희로 11가길 39, 4층
전화	070-8670-0900
팩스	02-6280-0895
이메일	annesstudyroom@naver.com
인스타그램	@annes.library

ISBN	979-11-90710-57-2 03180